# 우상이란
# 무엇인가

# 우상이란
# 무엇인가

초판 2쇄 발행일 2017년 3월 20일
초판 1쇄 발행일 2016년 5월 13일

지은이 한민수
펴낸이 양옥매
디자인 황순하
교  정 조준경

펴낸곳 도서출판 책과나무
출판등록 제2012-000376
주소 서울특별시 마포구 방울내로 79이노빌딩 302호
대표전화 02.372.1537  팩스 02.372.1538
이메일 booknamu2007@naver.com
홈페이지 www.booknamu.com
ISBN 979-11-5776-188-3(03230)

이 도서의 국립중앙도서관 출판시도서목록(CIP)은 서지정보유통지원 시스템
홈페이지(http://seoji.nl.go.kr)와 국가자료공동목록시스템
(http://www.nl.go.kr/kolisnet)에서 이용하실 수 있습니다.
(CIP제어번호 : CIP2016011383)

구 약 신 학
우상 시리즈1

# 우상이란
# 무엇인가

한민수 지음

책과나무

## † 추천사 †

### ● 강성열 교수 (호남신학대학교 구약학, 농어촌선교연구소장)

구약성경을 보면 이스라엘 백성은 역사의 한순간도 우상숭배를 떠난 적이 없을 정도로 오랫동안 우상숭배에 빠져 있었다. 하나님의 심판을 받아 나라가 망할 때까지도 그들의 우상숭배 습관은 쉽게 고쳐지지 않았다. 그런 점에서 구약 시대의 우상을 전문적으로 다루고 있는 이 책은 우리 시대의 신앙인들에게 많은 공부와 도전이 될 것이다. 더욱이 다양한 고대 근동 문헌들을 포함하는 다수의 책들이 각주에 폭넓게 소개되고 있다는 사실은 저자가 본서를 집필하는 데 얼마나 심혈을 기울였는지 한눈에 알게 해 준다. 목회자들과 성도들의 일독을 권한다.

### ● 김구원 교수 (개신대학원대학교 구약학, 학생처장)

구약 시대나 지금이나 참된 신앙의 최대의 적은 '우상'이다. 우상을 제대로 이해하고 경계하지 않으면 우리는 모두 우상숭배자가 될 가능성이 있다. 이 책에서 저자는 구약의 우상에 대한 성경 증거들을 잘 요약하였다. 더불어 생소한 구약의 우상과 신들을 알기 쉽게 설명하고 있다. 이 문제에 관심 있는 모든 분들에게 추천한다.

**● 김요섭 교수 (총신대학교 신학대학원 역사신학)**

　이 책은 구약의 우상과 관련한 저자의 신학적 식견뿐 아니라 현장의 목회 경험이 함께 잘 녹아 있는 훌륭한 안내서이다. 하나님의 뜻을 거역한 이후 모든 인간의 역사가 보여 주는 가장 대표적인 타락의 결과는 우상 숭배이다. 타락한 인간은 심판에 대해 핑계하지 못하도록 남겨 두신 하나님을 알 만한 지식을 도리어 피조물에 투영해 그 피조물을 신(神)으로 삼고 스스로의 욕망을 위해 이용해 왔다. 심지어 지존하신 여호와 하나님을 피조물처럼 이해하고 자신의 뜻대로 이해하여 이용하려는 우상숭배의 행태를 나타내 왔다. 구약 시대뿐 아니라 오늘날에도 이와 같은 우상 숭배는 횡행하고 있음을 부인하기 어렵다. 이 책은 우상이란 무엇인가와 우상숭배라는 영적 도전에 맞서 성경에 등장하는 다양한 우상들의 실체를 구체적으로 파악한다. 더 나아가 왜 성경이 이렇듯 다양한 우상들에 대한 숭배를 심각하게 경고하는지 이해할 수 있는 유익을 준다. 그리고 더 나아가 구약 우상에 대한 이해는 많은 우상과 달리 예배 받으실 유일한 신이신 여호와 하나님을 더 깊이 알 수 있는 실제적 교훈을 제공한다. 이 모든 유익과 교훈을 얻기 위해 이 책의 일독을 강력하게 추천한다.

우상이란 무엇인가? 우상은 하나님을 대신한 모든 것이다. 우상
은 짝퉁 하나님이며 '만들어진 신(神)'이다. 왜, 인간은 우상을 만들
고 하나님으로 섬기는가? 그 이유는 죄 때문이다. 죄인은 창조주 하
나님을 버리고 대용품으로 우상을 만들었다. 우상은 형상뿐 아니라
타락한 인간의 마음을 포함한다. 타락한 마음은 우상을 만들어낸다.
돈, 권력, 섹스와 수많은 탐욕의 부산물들이 우상이 된다.

우상 그리고 우상숭배는 구약성경 전체를 관통하는 주제이다. 하
나님을 섬겨야할 이스라엘. 그들은 약속의 땅 가나안에서 하나님 대
신 가나안의 신들, 고대 근동의 우상들을 숭배했다. 우상숭배는 개
인과 왕국의 흥망성쇠를 좌우했다. 그러나 하나님은 이스라엘에 대
한 사랑을 거두지 않았다. 선지자들은 우상을 떠나 하나님께 돌아올
것을 촉구했다.

그렇다면 구약성경은 우상을 어떻게 정의하는가? 하나님은 우상
에 대해 어떤 말씀을 하셨는가? 고대 근동의 신들인 바알(Baal)과 아
세라(Asherah)는 무엇인가? 아세라와 아스다롯은 같은가, 다른가? 고
대 근동 지방에서 신들은 어떤 역할을 했는가? 왜, 성경은 고대 근동
의 신들을 우상이라 보는가? 하나님은 왜, 가나안 신들의 형상을 섬

기지 말고 파괴하라고 명령했을까? 계속되는 질문은 우리들에게 우상에 대한 무지(無知)를 증명해 줄 뿐이다. 우상을 공부할 책도 거의 없다. 요즘 고대 근동의 문헌들과 고고학, 역사를 통해 고대 근동의 역사, 문화, 종교를 탐구한 다양한 책들이 출판되지만 성경보다는 고고학과 고대근동 배경에서 다루어진다. 구약성경이 말하는 "우상이란 무엇인가"를 쉽게 알지 못한다. 이것이 『우상이란 무엇인가』를 출판하게 된 이유다. 이 책은 구약성경이 말하는 우상은 무엇인가, 성경과 고대 근동 신들의 관계는 무엇인가를 구체적이고 정확하게 밝혀줄 것이다.

제1장에서는 구약 성경에서 말하는 '우상이란 무엇인가'에 대해 다루었다. 여호와 하나님과 우상의 특징은 무엇이며, 무엇이 다른가를 명쾌하게 설명했다. 그리고 제2장에서는 구약의 우상과 우상숭배 금지 명령들을 다루었다. 하나님께서 가나안 땅에 들어가는 이스라엘에게 가나안 신(神)/우상들을 없애고, 그들의 풍속을 따르지 말며, 가나안 족속들과 결혼하지 말라고 한 이유가 무엇인가? 그 명령의 순종과 불순종 결과는 무엇인가를 자세히 기록했다. 제3장에서는 우상을 숭배한 사사기의 전형적인 양식들에서 우상금지 명령에 대한 순종과 불순종의 결과를 다루었다. 제4장에서는 십계명과 우상을 설명했다. 하나님은 십계명의 제1-2계명을 통해 "다른 신들을 네게 두지 말라", "자기를 위하여 우상을 만들지 말며, 어떤 형상도 만들지 말라", "우상에게 절하지 말라"고 명령하셨다(출 20:3-5; 신 5:7-9). 왜, 하나님은 십계명에서 우상을 섬기지 말라고 하셨을까를 설명했다. 그리고 제5장에서는 이스라엘 백성들이 하나님을 떠나 우상을 섬겼

는데 그들이 섬긴 우상들은 무엇이며, 그들은 왜, 이 우상의 유혹을 뿌리치지 못했는가를 다루었다.

이 책의 장점은 성경을 많이 인용했다는 점이다. 독자들은 성경을 직접 찾지 않아도 성경이 말하는 우상의 의미와 더불어 이스라엘 역사에서 어떻게 우상이 숭배되었으며 그 영향은 무엇인가를 이해할 수 있을 것이다. 그뿐만 아니라 성경과 고대 근동 자료, 이스라엘 역사를 통해 우상들의 특징들을 쉽고 정확하게 서술하였다.

지난해 8월 하나님은 "우상"이라는 주제를 주셨고, 지금까지 기도하며 성경과 관련 책들을 연구하여 『우상이란 무엇인가』를 출판하게 되었다. 다음에 출판되는 『우상이란 무엇인가 2』에서는 고대 근동의 신들, 우상과 나무들, 우상숭배자의 구체적인 행위들, 우상숭배와 땅의 관계, 그리고 우상을 숭배했던 왕들과 그들의 죄의 평가에 대한 주제를 담을 예정이다.

이 책을 읽는 독자들과 신학생, 목회자들이 구약성경의 우상의 의미를 알며 설교와 성경공부, 목회에 도움이 되기를 간절히 기도한다. 끝으로 추천사를 써 주셔서 책을 더욱 빛나게 해 주신 호남신학대학교 구약학 강성열 교수, 개신대학원대학교 구약학 김구원 교수, 총신대학교 신학대학원 역사신학 김요섭 교수께 감사드린다.

하나님의 은혜를 사모하는
한 민 수 목사

# 차 례

# 우 상 의
# 정 † 의

-제1장-

하나님은 "스스로 부패하여 자기를 위해 어떤 형상대로든지 우
상을 새겨 만들지 말라."고 명령하셨다(신 4:16).

# † 우상의 정의 †

하나님은 "스스로 부패하여 자기를 위해 어떤 형상대로든지 우상을 새겨 만들지 말라."고 명령하셨다(신 4:16). 그렇다면 우상(偶像, idol)이란 무엇인가? 종교개혁자 마틴 루터(Martin Luther)는 우상이란 "당신의 마음이 매달리고 의지하는 것이 무엇이든지, 바로 그것이 당신의 하나님이다. 오직 마음의 신뢰와 믿음이 하나님도 만들고 우상도 만든다."라고 했다.[1] 교부 어거스틴(St. Augustine)은 "우상숭배는 써먹어야 할 것을 써먹는 것이 아니라 숭배하는 것이다. 또는 숭배해야 할 대상을 숭배하는 것이 아니라 써먹는 것이다."[2] 티모시 켈러는 "하나님보다 더 중요한 것, 우리의 마음과 공상의 세계를 하나님보다 더 많이 차지하고 있는 것, 하나님이 줄 수 있는 것을 주려고 하는 것,

---

1) 그레고리 K. 비일, 『예배자인가, 우상숭배자인가?』 김재영 · 성기문 공역, (서울: 새물결플러스, 2014), p. 25. 재인용. 원문은 B. S. Rosner, "Idolatry," in *New Dictionary of Biblical Theology*, ed. T. D. Alexander and B. S. Rosner (Downers Grove, Ill. : InterVarsity Press, 2000), p. 571.
2) 빅터 해밀턴, 『오경개론』 강성열 · 박철현 공역, (서울: 크리스챤다이제스트, 2007), pp. 253-254.

그것이 바로 우상이다."라고 정의했고,[3] 카일 아이들먼은 "우상숭배는 많은 죄 가운데 하나가 아니다. 그것은 다른 모든 죄를 낳는 큰 죄이다."[4]라고 지적했다. 우상은 하나님을 대신하는 모든 것이다.

구약성경에서 우상은 첫째, 고대근동 지역에서 섬기던 모든 신들과 그 형상이다. 고대 근동의 문헌들과 구약성경은 신들의 형상이 그 신의 현존을 내포한다고 생각했다.[5] 둘째, 우상은 신성한 의미를 담아 만든 동·식물들의 형상을 포함한다. 셋째, 우상은 신성하게 여기는 바위, 나무, 산 등의 자연물들이고 넷째, 타락한 사탄과 마귀, 귀신들이다. 다섯째, 자신을 숭배하도록 강요하는 왕과 권력자인 인간도 포함된다. 더 나아가 신약성경은 인간의 마음까지 확대해 "탐심은 우상 숭배니라"고 지적한다(골 3:5).

우상은 죄 때문에 시작되었다. 인간은 하나님의 형상과 모양대로(창 1:16), 영혼을 가진 존재로 창조되었다(창 2:7). 인간은 하나님과 동행하고, 영원한 하나님의 은혜의 생수를 마셔야 살 수 있는 존재이다. 그러나 불순종의 죄는 모든 것을 파괴해 버렸다. 계명성(Lucifer)이라 불린 완전한 그룹 천사는 하나님과 같아지고자 하는 교만 때문에 타락한 천사, 사탄이 되었다(겔 28:12-18; 사 14:12-15). 그 뱀/사탄은 하와에게 다가와 하나님의 언약을 의심하게 만들면서 "너희가 결코 죽지 아니하리라 너희가 그것을 먹는 날에는 너희 눈이 밝아져

---

3) 티모시 켈러, 『거짓 신들의 세상』 이미정 역, (서울: 베가북스, 2012), p. 25.
4) 카일 아이들먼, 『거짓 신들의 전쟁』 배웅준 역, (서울: 규장, 2013), p. 30.
5) 고레고리 K. 비일, *Ibid.*, p. 26.

하나님과 같이 되어 선악을 알 줄 하나님이 아심이니라"는 말로 유혹했다(창 3:4-5). 하와는 뱀의 유혹에 빠져 선악과를 따 먹었으며 함께 있던 아담도 하와가 준 선악과를 먹었다(창 3:6). 그 결과는 하나님의 약속대로 육체와 영혼의 죽음(창 2:17; 3:19; 롬 6:23), 하나님과 인간의 단절이었다(사 59:2). 성경은 하나님을 떠난 인간들의 상태를 "내 백성이 두 가지 악을 행하였나니 곧 그들이 생수의 근원되는 나를 버린 것과 스스로 웅덩이를 판 것인데 그것은 그 물을 가두지 못할 터진 웅덩이들이니라."고 지적했다(렘 2:13). 하나님을 떠나 목마른 인간은 하나님 대신 우상을 만들었다. 우상이 하나님을 대신했다. 그러나 우상은 하나님을 대신해 만든 대용물에 불과하다. 다음은 하나님과 우상의 차이점이다.

## 하나님과 우상의 차이점

| 여호와 하나님 | 우상/거짓 신들 |
| --- | --- |
| 1. 스스로 존재/자존자(自存子) | 1. 사람의 손으로 만들어짐/피조물 |
| 2. 영원토록 변하지 않고 존재하심 | 2. 민족/국가, 역사에 따라 신(神)이 생성과 소멸되고 지위와 계급이 변화됨 |
| 3. 형상이 없음. 하나님은 형상에 갇혀 있지 않음 | 3. 형상이 있음. 우상은 형상을 떠나 존재할 수 없음 |

| | |
|---|---|
| 4. 무(無)에서 유를 말씀으로 창조 | 4. 창조 신화(神話) – 유(有)에서 유 창조 |
| 5. 여호와께서 '나'를 섬기라 명령 | 5. 사람이 신을 만들고 '스스로' 섬김 |
| 6. 스스로 영광이 존재함 | 6. 스스로 영광이 존재하지 않음 |
| 7. 하나님께서 순종 때 복, 불순종 때 저주/심판 약속 | 7. 사람이 복과 저주의 개념을 줌 |
| 8. 성전의 장소, 목적, 모양, 용도, 기구 등을 하나님께서 정하심 | 8. 신전을 사람이 정하고 지음 |
| 9. 제의에 성적 행위 금지 | 9. 제의에 성적 행위가 포함 |
| 10. 하나님께서 정하신 제물과 방식으로만 드려야 함 | 10. 어떤 신이냐, 역사, 나라, 문화 에 따라 제물의 종류는 달라질 수 있음 |
| 11. 인신(人身) 제사는 금지됨 | 11. 인신(人身) 제사가 자행됨 |
| 12. 복잡한 가족관계 없음 | 12. 복잡하고 난잡한 가족관계 |
| 13. 영(靈)으로 성(性)이 필요 없음 | 13. 인간 같은 성(性). 남 · 여 신들이 존재 |
| 14. 자연 질서를 움직임 | 14. 자연 질서에 영향 받음 |
| 15. 무한한 능력 | 15. 실제 능력 없음/인간이 능력 있다 믿음 |
| 16. 역사와 시간에 변하지 않음 | 16. 역사와 함께 생기고, 죽고, 변화됨 |
| 17. 자연을 창조했기 때문에 자연계 지배하고 섭리하심 | 17. 자연계 지배하는 힘이 있지만, 실제 자연은 다스리는 힘을 보여 주지 못함 |

〈표-1〉 하나님과 우상의 차이점

## | 우상은 사람의 손에 만들어진 형상이다 |

하나님은 십계명의 제2계명에서 "너는 자기를 위하여 새긴 우상을 만들지 말고 위로 하늘에 있는 것이나 아래로 땅에 있는 것이나 땅 밑 물속에 있는 것의 어떤 형상도 만들지 말며 그것들에게 절하지 말며 그것들을 섬기지 말라."고 명령하셨다(신 5:8-9a). 이 형상은 아름다움을 표현한 예술품을 의미하지 않는다. 형상은 인간이 신(神)으로 섬기기 위해 만든 모양들이다. 성경은 하나님 외에는 다른 신이 없기 때문에(신 4:35; 사 44:6; 45:21) 신의 형상들은 다 우상이며, 우상에게 절하고 섬기는 행위가 우상숭배이다.

그렇다면 우상, 즉 신의 형상들은 왜, 거짓인가? 그것은 사람의 손에 의해 만들어졌기 때문에 더 이상 신이 될 수 없다. 인간에 의해 신이라 칭해질 뿐이다. 형상뿐 아니라 신화(信和)들도 역사와 문화 속에서 인간에 의해 창조된 이야기이다. 신화에 나타나는 신들은 자연의 능력을 표현하는 존재이며, 인간의 생사(生死)와 삶을 닮은 존재이다. 성경은 우상들의 특징을 사람에 의해 만들어진 존재라고 정의한다(시 115:4; 135:15; 사 40:19; 렘 2:8-10; 10:3).

" 9.우상을 만드는 자는 다 허망하도다 그들이 원하는 것들은 무익한 것이거늘 그것들의 증인들은 보지도 못하며 알지도 못하니 그러므로 수치를 당하리라 10.신상을 만들며 무익한 우상을 부어 만든 자가 누구냐 … 15.이 나무는 사람이 땔감을 삼는 것이거늘 그가 그것을 가지고 자기 몸을 덥게도 하고 불을 피워 떡을 굽기도 하고 신상을 만

들어 경배하며 우상을 만들고 그 앞에 엎드리기도 하는구나 16.그중
의 절반은 불에 사르고 그 절반으로는 고기를 구워 먹고 배불리며 또
몸을 덥게 하여 이르기를 아하 따뜻하다 내가 불을 보았구나 하면서
17.그 나머지로 신상 곧 자기의 우상을 만들고 그 앞에 엎드려 경배
하며 그것에게 기도하여 이르기를 너는 나의 신이니 나를 구원하라
하는도다"(사 44:9-10, 15-17)

"이제도 그들은 더욱 범죄하여 그 은으로 자기를 위하여 우상을 부어
만들되 자기의 정교함을 따라 우상을 만들었으며 그것은 다 은장색
이 만든 것이거늘 그들은 그것에 대하여 말하기를 제사를 드리는 자
는 송아지와 입을 맞출 것이라 하도다"(호 13:2)

우상은 사람의 손에 의해 만들어졌다. 그리고 이사야는 우상의 무
가치함을 더 적나라하게 지적한다. 이사야는 동일한 나무를 가지고
하나는 난방과 빵 굽는 땔감으로 이용하고, 다른 나무는 우상을 만들
어 그 앞에 엎드려 경배하며 우상에게 기도하고 구원해 달라고 요청
하는 인간의 어리석음을 지적했다. "우상의 가르침은 나무뿐"이지만
"여호와는 참 하나님이시요 살아 계신 하나님이시요 영원한 왕"이다
(렘 8:10). 여호와는 창조자이며(창 1:1) 영원한 자존자(출 3:14), 무
한하며 영원하다(신 34:27; 사 40:28). 그러나 우상은 피조물이며, 유
한하다. 여호와 외에 다른 신이 없다(사 44:6).

## | 우상은 무감각한 죽은 형상이다 |

사람이 만든 우상은 죽었으며 감각이 없다. 그래서 성경은 우상을
'감각기관 기능장애'라는 은유로 표현했다.[6] 입이 있어도 말하지 못
하며 귀가 있어도 듣지 못한다. 코가 있어도 호흡하지 못하며 손발이
있어도 만지지도 못하고 걸어 다니지도 못한다.

> "너희는 거기서 사람의 손으로 만든바 보지도 못하며 듣지도 못하며
> 먹지도 못하며 냄새도 맡지 못하는 목석의 신들을 섬기리라"(신 4:28)

> "4.그들의 우상들은 은과 금이요 사람이 손으로 만든 것이라 5.입이
> 있어도 말하지 못하며 눈이 있어도 보지 못하며 6.귀가 있어도 듣지
> 못하며 코가 있어도 냄새 맡지 못하며 7.손이 있어도 만지지 못하며
> 발이 있어도 걷지 못하며 목구멍이 있어도 작은 소리조차 내지 못하
> 느니라 8.우상들을 만드는 자들과 그것을 의지하는 자들이 다 그와
> 같으리로다"(시 115:4-8)

> "15.열국의 우상은 은금이요 사람의 손으로 만든 것이라 16.입이 있
> 어도 말하지 못하며 눈이 있어도 보지 못하며 17.귀가 있어도 듣지
> 못하며 그들의 입에는 아무 호흡도 없나니 18.그것을 만든 자와 그것
> 을 의지하는 자가 다 그것과 같으리로다"(시 135:15-18)

---

6) 그레고리 K. 비일, *Ibid*., p. 110.

이사야와 예레미야 선지자는 우상과 무감각한 이스라엘 백성들을 책망했다.

"18.그들이 알지도 못하고 깨닫지도 못함은 그들의 눈이 가려서 보지 못하며 그들의 마음이 어두워져서 깨닫지 못함이니라 19.마음에 생각도 없고 지식도 없고 총명도 없으므로 내가 그것의 절반을 불사르고 또한 그 숯불 위에서 떡도 굽고 고기도 구워 먹었거늘 내가 어찌 그 나머지로 가증한 물건을 만들겠으며 내가 어찌 그 나무토막 앞에 굴복하리요 말하지 아니하니 20.그는 재를 먹고 허탄한 마음에 미혹되어 자기의 영혼을 구원하지 못하며 나의 오른손에 거짓 것이 있지 아니하냐 하지도 못하느니라"(사 44:18)

"어리석고 지각이 없으며 눈이 있어도 보지 못하며 귀가 있어도 듣지 못하는 백성이여 이를 들을지어다"(렘 5:21).

예수님은 바리새인의 누룩과 헤롯의 누룩을 주의하라고 명령하셨지만 제자들을 깨닫지 못했다. 예수님은 이사야 44장의 말씀을 인용해 깨닫지 못하는 제자들을 책망하셨다.

"17.예수께서 아시고 이르시되 너희가 어찌 떡이 없음으로 수군거리느냐 아직도 알지 못하며 깨닫지 못하느냐 너희 마음이 둔하냐 18.너희가 눈이 있어도 보지 못하며 귀가 있어도 듣지 못하느냐 또 기억하지 못하느냐"(막 8:17-18)

갈멜산에서 엘리야와 바알 선지자들의 싸움은 무감각한 우상을 사실감 있기 그려 준다. 바알 선지자들은 송아지를 제단에 제물로 올리고 아침부터 정오까지 바알의 이름을 불렀으나 아무 응답이 없었다(왕상 18:26). 엘리야는 바알 선지자들을 조롱했다.

> "정오에 이르러는 엘리야가 그들을 조롱하여 이르되 큰 소리로 부르라 그는 신인즉 묵상하고 있는지 혹은 그가 잠깐 나갔는지 혹은 그가 길을 행하는지 혹은 그가 잠이 들어서 깨워야 할 것인지 하매"
>
> (왕상 18:27)

바알 선지자들은 엘리야의 조롱을 듣고 더욱 크게 소리 지르며 칼과 창으로 피가 나도록 몸을 상하게 했으나 제단에 불을 내리지 못했다(왕상 18:28). 왜냐하면 바알은 죽은 우상이며, 응답할 수 없는 거짓 신이었기 때문이다. 오직 살아 계신 여호와만이 엘리야의 제단에 불을 내려서 번제물과 나무, 돌과 흙을 태우고 도랑의 물을 핥는 분이다(왕상 18:28).

## | 우상은 인간을 위해 만들어진 것이다 |

하나님은 십계명에서 "너를 위하여 새긴 우상을 만들지 말고"(출 20:4a), "너는 자기를 위하여 새긴 우상을 만들지 말"(신 5:8a)라고 명령하셨다. 우상은 "자기를 위해 만든 형상"이다. 사람이 우상을 만드는 이유는 우상을 통해 무엇인가를 받기 위함이다. 고대 근동의 신화에서 나타나듯이 모든 신들은 인간이 만들어 낸 것들이며, 자연 환경과 밀접하게 연관되어 있다. 그래서 신화 속의 모든 신들은 자연의 힘을 가진다. 인간은 그들을 숭배하여 신들이 가진 자연의 힘을 이용하거나 자연 재앙을 피할 수 있다고 믿었다. 신들은 사람을 보호하고, 사람이 원하는 복을 주지만 신들을 노엽게 하면 저주를 내린다. 인간이 신들을 만들고 우상을 숭배하는 이유는 자기들을 위해서였다. 시내산에서 송아지 우상을 처음 만들게 된 계기도 "우리를 위하여"였다.

> "백성이 아론에게 이르러 말하되 일어나라 우리를 위하여 우리를 인도할 신을 만들라 … 그들이 내가 그들에게 명령한 길을 속히 떠나 자기를 위하여 송아지를 부어 만들고 그것을 예배하며 그것에게 제물을 드리며 말하기를 이스라엘아 이는 너희를 애굽 땅에서 인도하여 낸 너희 신이라 하였도다"(출 32:1, 8)

인간은 자신들이 만든 신에게 경배해고, 죽은 우상에게 "너는 나의 신이니 나를 구원하라"고 요구했다. 그러나 만들어진 우상은 결코 구원을 줄 수 없다.

> "15.이 나무는 사람이 땔감을 삼는 것이거늘 그가 그것을 가지고 자기 몸을 덥게도 하고 불을 피워 떡을 굽기도 하고 신상을 만들어 경배하며 우상을 만들고 그 앞에 엎드리기도 하는구나 16.그중의 절

반은 불에 사르고 그 절반으로는 고기를 구워 먹고 배불리며 또 몸

을 덥게 하여 이르기를 아하 따뜻하다 내가 불을 보았구나 하면서

17.그 나머지로 신상 곧 자기의 우상을 만들고 그 앞에 엎드려 경배

하며 그것에게 기도하여 이르기를 너는 나의 신이니 나를 구원하

라 하는도다 18.그들이 알지도 못하고 깨닫지도 못함은 그들의 눈

이 가려서 보지 못하며 그들의 마음이 어두워져서 깨닫지 못함이니

라"(사 44:15-18)

우상은 작게는 개인·가족, 크게는 종족·민족·국가를 위한 목적
으로 만들어졌다. 우상은 부정적으로 자연 재해, 질병, 공포, 죽음 등
을 막아 주거나 두려움과 공포를 없애며, 전쟁을 예방하고 전쟁의 위
협을 막아 주며, 전쟁에서의 승리 등 수많은 목적을 이루기 위해 만들
어지고 숭배된 존재이다. 긍정적으로는 복(福)을 받고, 잘되고, 무엇
인가를 성취하며 얻기 위한 목적으로 우상이 만들어졌다. 결국, 거짓
신들인 우상은 인간을 위해 존재하며, 인간에 의해 창조되었다.

"18.새긴 우상은 그 새겨 만든 자에게 무엇이 유익하겠느냐 부어 만

든 우상은 거짓 스승이라 만든 자가 이 말하지 못하는 우상을 의지하

니 무엇이 유익하겠느냐 19.나무에게 깨라 하며 말하지 못하는 돌에

게 일어나라 하는 자에게 화 있을진저 그것이 교훈을 베풀겠느냐 보

라 이는 금과 은으로 입힌 것인즉 그 속에는 생기가 도무지 없느니라

20.오직 여호와는 그 성전에 계시니 온 땅은 그 앞에서 잠잠할지니

라 하시니라"(합 2:18-20)

하박국 선지자는 인간의 손에 만들어지고, 새겨진 우상의 무익성을 고발하고 있다. 우상은 거짓 스승이다. 왜냐하면 우상은 죽었기 때문에 우상에게는 지혜도 인간을 가르치는 능력도 없다. 더욱이 우상을 자신의 손을 만들고, 생기도 없는, 죽은 그 형상을 신(神)으로 섬기며 우매한 인간의 모습을 지적하고 있다.

## | 우상은 만들어진 재료들이 있다 |

우상은 다양한 재료들로 만들지는데 각종 금·은·동·철·나무 돌·흙(金銀銅鐵木石土)과 다양한 보석들이다. 고대 근동 지역에서는 흙으로 빚어진 많은 형상들이 있었다. 풍요를 상징하는 여성상들이나 라헬이 아버지 라반에게서 훔친 드라빔도 흙으로 빚어졌다. 아세라는 목상(木像)으로 기록되듯이 대부분 나무로 만들어져 바알과 함께 숭배되었다. 성경은 우상의 가장 큰 특징을 "인간이 만든 물건"이라고 정의했다. 인간은 만들어진 신을 섬기며, 절하며, 복을 간구하는 어리석은 행위를 자행했다. 만들어진 형상이 어떻게 신이 될 수 있겠는가? 하나님은 사람의 손으로 만든 우상을 섬기지 말 것을 강력히 말씀하셨다(신 7:5; 왕하 10:27; 단 5:3-4).

"너희는 거기서 사람의 손으로 만든바 보지도 못하며 듣지도 못하며
먹지도 못하며 냄새도 맡지 못하는 목석의 신들을 섬기리라"(신 4:28)

고고학적으로 가나안 땅에서 숭배되었던 바알은 구리나 철 형상, 그 위에 금으로 도금된 형상들이 자주 출토된다. 철로 주조된 송아지 형상, 구리 뱀, 돌로 만들어진 형상, 돌에 새겨진 형상, 돌기둥(마체바), 풍요를 상징하는 흙으로 빚어진 여성상과 아세라 형상들도 자주 발굴되었다.

## ｜우상은 다양한 방법으로 만들어졌다｜

**첫째,** 우상은 부어 만들었다.[7] 금속은 성전 기구들과 다양한 삶의 도구들로 이용되었다(왕상 7:33, 37). 장인들은 금속을 두드리고, 잘라서 만들거나, 녹여서 특정한 거푸집에 부어 전쟁 무기나 생활도구(욥 27:18)를 만든다. 그러나 성경은 "부어 만든"이라는 단어를 대부분 우상과 관련해서 언급했다. 우상은 금속으로 만들었으며 실제로 금속을 재료로 한 다양한 우상의 형상들이 발굴되었다. 구리와 철로 만든 뒤, 금이나 은으로 입힌 우상들도 많았다(삿 18:14, 17-18; 시 106:19; 사 30:22; 호 13:1-2).

> "…그 새긴 석상과 부어 만든 우상을 다 깨뜨리며 산당을 다 헐
> 고"(민 33:52)

---

7) 구약 성경에 "부어 만든 우상"을 뜻하는 히브리어 네세크는 사 48:5; 렘 10:14; 51:17에 나타난다. 또한 히브리어 마세카는 신 27:15; 삿 17:3-4; 18:14, 18; 사 42:17; 나 1:14; 합 2:18 등에 나타난다.

"장색의 손으로 조각하였거나 부어 만든 우상은 여호와께 가증하니
그것을 만들어 은밀히 세우는 자는 저주를 받을 것이라 할 것이요 모
든 백성은 응답하여 말하되 아멘 할지니라"(신 27:15)

성경은 계속해서 "부어 만든 신상/우상"을 소개한다. "아세라 목
상들과 아로새긴 우상들과 부어 만든 우상들을 제거하여 버리매"(대
하 34:3), "너희 조각한 우상에 입힌 은과 부어 만든 우상에 올린 금
을"(사 30:22; 40:19), "그들이 부어 만든 우상들은 바람이요 공허한
것뿐이니라"(사 42:17), "무익한 우상을 부어 만든 자가 누구냐"(사
44:10), "새긴 신상과 부어 만든 신상"(사 48:5), "그가 부어 만든 우
상은 거짓 것이요"(렘 10:14; 51:17), "그 신들과 부어 만든 우상들"(단
11:8), "우상을 부어 만들되"(호 13:2), "부어 만든 우상은 거짓 스승
이라"(합 2:18) 등 많은 성경 구절에서 우상을 언급할 때마다 '어떻게
만들어진 우상인가'를 함께 소개했다.

**둘째**, 우상은 새겨/아로새겨 만들었다. 금속을 녹여 주물틀에 부
어 만든 우상과 달리 새긴/아로새긴 우상은 금속이나 돌, 나무 등
을 깎거나 새겨서 만든 형상들이다(출 20:4; 신 5:8; 왕하 17:41; 대하
34:3; 호 11:2).

"그 땅의 원주민을 너희 앞에서 다 몰아내고 그 새긴 석상과 부어 만
든 우상을 다 깨뜨리며 산당을 다 헐고"(민 33:52)

성경은 계속해서 새긴 우상을 만들어 섬기는 행위에 대해 "에봇과 드라빔과 새긴 우상을 받아 가지고"(삿 18:20), "또 자기가 만든 아로 새긴 목상을"(대하 33:7), "아몬이 그의 아버지 므낫세가 만든 아로새 긴 모든 우상에게 제사하여 섬겼으며"(대하 33:22), "아세라 목상들과 아로새긴 우상들과 부어 만든 우상들을 빻아"(대하 34:4), "내가 새긴 신상과 부어 만든 신상이 명령한 바라 말하지 못하게 하였느니라"(사 48:5), "그 새긴 우상들은 다 부서지고"(미 5:13), "네 신들의 집에서 새긴 우상과 부은 우상을 멸절하며"(나 1:14), "새긴 우상은 그 새겨 만든 자에게 무엇이 유익하겠느냐"라고 경고하셨다(합 2:18).

**셋째**, 우상은 조각해서 만들었다. 하나님은 우상을 만들지 말라고 하셨다. 우상들 중에 조각된 대표적 형상이 아세라 목상(木像)이다. 그 외에 많은 형상들이 조각되어 우상으로 숭배되었다(신 4:23-26).

"너희는 자기를 위하여 우상을 만들지 말지니 조각한 것이나 주상을 세우지 말며 너희 땅에 조각한 석상(石像)을 세우고 그에게 경배하지 말라 나는 너희의 하나님 여호와임이니라"(레 26:1)

"오직 너희가 그들에게 행할 것은 이러하니 그들의 제단을 헐며 주 상을 깨뜨리며 아세라 목상을 찍으며 조각한 우상들을 불사를 것이 니라"(신 7:5)

## | 우상숭배는 여호와께 악행이다 |

하나님은 우르(Ur) 땅에서 아브라함을 불러내 구원하셨고, 그에게 가나안 땅과 후손을 주셨다(창 12:1-3). 이삭과 야곱에게도 동일하게 약속하셨다. 하나님은 아브라함의 약속을 성취하기 위해 모세를 지도자로 세워 이스라엘 민족을 출애굽 시키셨다(창 15:13-15; 출 2:24-25; 12:40-41). 하나님은 출애굽의 이유를 "나는 너희의 하나님이 되려고 너희를 애굽 땅에서 인도해 내었느니라"고 말씀하셨다(민 15:41; 레 11:45; 22:33). 이스라엘을 구원하신 여호와만이 유일한 하나님이고 구원자이며 다른 신(神)은 없다(신 4:39; 6:4; 32:39; 삼하 7:22; 사 46:9; 호 13:4; 습 2:15).

그러나 이스라엘은 하나님을 떠나 우상을 숭배했다. 이스라엘 민족의 첫 번째 우상숭배는 이집트 땅에서 인도한 여호와 하나님을 금송아지 형상으로 만든 행위였다.

"4.아론이 그들의 손에서 금 고리를 받아 부어서 조각칼로 새겨 송아지 형상을 만드니 그들이 말하되 이스라엘아 이는 너희를 애굽 땅에서 인도하여 낸 너희의 신이로다 하는지라 5.아론이 보고 그 앞에 제단을 쌓고 이에 아론이 공포하여 이르되 내일은 여호와의 절일이니라 하니 6.이튿날에 그들이 일찍이 일어나 번제를 드리며 화목제를 드리고 백성이 앉아서 먹고 마시며 일어나서 뛰놀더라"(출 32:4-6)

시인은 "그들이 호렙에서 송아지를 만들고 부어 만든 우상을 경배하여 자기 영광을 풀 먹는 소의 형상으로 바꾸었도다."(시 106:19–20) 바울은 "썩어지지 아니하는 하나님의 영광을 썩어질 사람과 새와 짐승과 기어 다니는 동물 모양의 우상으로 바꾸었느니라"고 지적했다(롬 1:23). 하나님은 이스라엘의 우상숭배에 대해 강하게 비판하셨다.

"어느 나라가 그들의 신들을 신 아닌 것과 바꾼 일이 있느냐 그러나 나의 백성은 그의 영광을 무익한 것과 바꾸었도다"(렘 2:11, 13)

"11.이스라엘 자손이 여호와의 목전에 악을 행하여 바알들을 섬기며 12.애굽 땅에서 그들을 인도하여 내신 그들의 조상들의 하나님 여호와를 버리고 다른 신들 곧 그들의 주위에 있는 백성의 신들을 따라 그들에게 절하여 여호와를 진노하시게 하였으되 13.곧 그들이 여호와를 버리고 바알과 아스다롯을 섬겼으므로"(삿 2:11–13)

"6.그들의 딸들을 맞아 아내로 삼으며 자기 딸들을 그들의 아들들에게 주고 또 그들의 신들을 섬겼더라 7.이스라엘 자손이 여호와의 목전에 악을 행하여 자기들의 하나님 여호와를 잊어버리고 바알들과 아세라들을 섬긴지라"(삿 3:6–7)

"30.오므리의 아들 아합이 그의 이전의 모든 사람보다 여호와 보시기에 악을 더욱 행하여 31.느밧의 아들 여로보암의 죄를 따라 행하는 것을 오히려 가볍게 여기며 시돈 사람의 왕 엣바알의 딸 이세벨을 아내로 삼고 가서 바알을 섬겨 예배하고 32.사마리아에 건축한 바알의 신전 안에 바알을 위하여 제단을 쌓으며 33.또 아세라 상을 만들었으니 그는 그 이전의 이스라엘의 모든 왕보다 심히 이스라엘 하나님 여호와를 노하시게 하였더라"(왕상 16:30-32)

하나님은 우상을 가장 싫어하신다. 분노하신다. 왜냐하면, 우상은 만들어진 생명 없는 형상에 불과하기 때문이다. 우상숭배란 인간이 만든 형상에게 "하나님"이라 부르는 행위이다. 그러므로 우상숭배는 하나님을 거절, 배교, 받아들이지 않는 죄악이다. 그러므로 우상숭배의 결과는 하나님의 진노, 죽음, 심판만이 있을 뿐이다.

## | 우상은 제의에서 음행/매춘 행위들이 동반된다 |

하나님은 인간의 창조자이며 우리의 아버지가 되신다. 하나님은 예배를 가장 기뻐하신다. 하나님은 우리의 찬양을 받기 원하시고, 기도로 소통하시며, 사랑의 교제를 기뻐하신다. 하나님은 죄를 가장 싫어하신다. 거룩하신 하나님은 인간이 죄가 아니라 거룩한 삶을 살기를 원하신다. "나는 여호와 너희의 하나님이라 내가 거룩하니 너희도 몸을 구별하여 거룩하게 하고"(레 11:44), "너희의 하나님 앞에 거룩하리라"(민 15:40). 하나님은 이스라엘이 거룩한 삶을 사는 한 방법으로 옷단 귀에 술을 달도록 하셨다.

"이 술은 너희가 보고 여호와의 모든 계명을 기억하여 준행하고 너희

를 방종하게 하는 자신의 마음과 눈의 욕심을 따라 음행하지 않게 하기 위함이라"(민 15:39)

하나님은 거룩을 해치는 음행을 금하셨다. 하나님은 십계명에서 "간음하지 말라"고 하셨다(출 20:14; 신 5:18). 하나님은 "각 사람은 자기의 살붙이를 가까이 하여 그의 하체를 범하지 말라"고 말씀하셨다(레 18:6). 구체적으로 가족, 친척들과의 잘못된 성관계는 "악행"이기 때문에 허락되지 않았다(레 18:7–17). 자녀를 몰렉에게 주는 것은 여호와의 이름을 욕되게 하는 것이다(레 18:21). 하나님은 동성애 즉, "여자와 동침함 같이 남자와 동침하지 말라 이는 가증한 일"이라 말씀하셨다(레 18:22). 짐승과 성관계를 맺는 것도 "문란한 일"이며(레 18:23), "짐승과 행음하는 자는 반드시 죽일지니라"고 말씀하셨다(레 22:19). 하나님은 가나안 족속들의 이러한 죄의 결과를 말씀하셨다.

"24.너희는 이 모든 일로 스스로 더럽히지 말라 내가 너희 앞에서 쫓아내는 족속들이 이 모든 일로 말미암아 더러워졌고 25.그 땅도 더러워졌으므로 내가 그 악으로 말미암아 벌하고 그 땅도 스스로 그 주민을 토하여 내느니라"(레 18:24–25)

고대 근동의 신들의 제의는 대부분 음행들이 이뤄졌다. 이스라엘은 모압 여인들과 음행하므로 그녀들을 따라 모압의 신들에게 절하는 우상숭배가 행해졌다(민 25:1–2). 하나님은 우상과 음행의 문제를 강력하게 경고하셨고, 하나님을 떠나 우상을 숭배하는 것을 부부관계로 비유해 음행을 저질렀다고 비판하셨다.

"그들이 그 사사들에게도 순종하지 아니하고 오히려 다른 신들을 따라가 음행하며 그들에게 절하고 여호와의 명령을 순종하던 그들의 조상들이 행하던 길에서 속히 치우쳐 떠나서 그와 같이 행하지 아니하였더라"(삿 2:17)

"여호람이 또 유다 여러 산에 산당을 세워 예루살렘 주민으로 음행하게 하고 또 유다를 미혹하게 하였으므로 … 오직 이스라엘 왕들의 길로 행하여 유다와 예루살렘 주민들이 음행하게 하기를 아합의 집이 음행하듯 하며"(대하 21:11, 13)

"내가 너의 간음과 사악한 소리와 들의 작은 산 위에서 네가 행한 음란과 음행과 가증한 것을 보았노라 화 있을진저 예루살렘이여 네가 얼마나 오랜 후에야 정결하게 되겠느냐 하시니라"(렘 13:27)

"12.내 백성이 나무에게 묻고 그 막대기는 그들에게 고하나니 이는 그들이 음란한 마음에 미혹되어 하나님을 버리고 음행하였음이니라 13.그들이 산 꼭대기에서 제사를 드리며 작은 산 위에서 분향하되 참나무와 버드나무와 상수리나무 아래에서 하니 이는 그 나무 그늘이 좋음이라 이러므로 너희 딸들은 음행하며 너희 며느리들은 간음을 행하는도다"(호 4:12-13)

하나님은 이스라엘이 우상을 섬기는 행위를 행음/매춘 행위라고 정의하셨다. 호세아는 남편인 하나님을 떠나 우상을 남편 삼아 섬기는 이스라엘의 행위를 바람을 피우는 행위로 비유했다. 이스라엘은 영적인 음행뿐 아니라 바알과 아세라를 숭배하는 제의에서 육체적인 매춘들이 행해졌다. 하나님은 이러한 우상숭배를 죄악이며 가증한 행위라고 책망하셨다.


## | 우상은 하나님이 받을 경배/영광을 가로챈다 |

경배(Worship)는 오직 하나님과 예수님께 사용되어야 한다(창 24:28, 신 26:10; 삼상 1:3; 마 2:2; 28:9). 아브라함의 종의 말을 들은 라반은 "머리를 숙여 여호와께 경배"했으며(창 24:26), 야곱도 "침상 머리에서 하나님께 경배"했다(창 47:31). 이스라엘은 가나안 땅에서 "여호와여 이제 내가 주께서 내게 주신 토지소산의 맏물을 가져왔나이다 하고 너는 그것을 네 하나님 여호와 앞에 두고 네 하나님 여호와 앞에 경배할 것"이다(신 26:10). 하나님은 "오직 큰 능력과 편 팔로 너희를 애굽에서 인도하여 내신 여호와만 경외하여 그를 예배하며 그에게 제사를 드릴 것"이라 말씀하셨다(왕하 17:36). 그러나 죄에 빠진 인간은 하나님 대신 우상을 만들고, 하나님께 드려야할 경배/예배를 우상들에게 자행했다. 시내산에서 마음이 부패했던 아론과 이스라엘 백성들은 하나님 대신 금송아지를 하나님으로 만들어 예배/경배했다(출 34:8). 하나님은 우상에게 엎드려 경배/예배하지 말라고 말씀하셨다.

십계명에서도 우상을 만들지 말 것과 우상들에게 "절하지 말라"고 말씀하셨다(출 20:5; 신 5:9).

> "너희는 자기를 위하여 우상을 만들지 말지니 조각한 것이나 주상을 세우지 말며 너희 땅에 조각한 석상을 세우고 그에게 경배하지 말라 나는 너희의 하나님 여호와임이니라"(레 26:1)

> "또 그리하여 네가 하늘을 향하여 눈을 들어 해와 달과 별들, 하늘 위의 모든 천체 곧 너희의 하나님 여호와께서 천하 만민을 위하여 배정하신 것을 보고 미혹하여 그것에 경배하며 섬기지 말라"(신 4:19)

선지자들도 우상을 섬기며, 경배/예배하는 타락한 이스라엘 백성들에게 강력히 비난의 목소리를 냈다(사 44:17). 타락한 이스라엘의 왕들도 우상을 섬겼다. 아마샤 왕은 우상에게 경배하지 말라는 하나님의 율법을 어기면서 우상에게 경배했다(대하 25:14). 이방인이었던 앗수르 왕 산헤립도 자기 신에게 경배했다(왕하 19:36-37 참고 사 37:38).

| 마음이 부패/교만한 자들은 하나님을 떠나 우상을 만든다 |

죄악으로 마음이 부패한 자들은 결코 하나님을 섬길 수 없다. 마음이 부패한 자들은 그 마음에 하나님이 없다 하며, 선을 행하지 않는다(시 14:1; 53:1). 노아의 때 "온 땅이 하나님 앞에 부패하여 포악함이

땅에 가득"했었다(창 6:11). 시내산에서 금송아지 우상을 만들 때 여호와는 모세에게 "너는 내려가라 네가 애굽 땅에서 인도하여 낸 네 백성이 부패하였도다"라고 말씀하셨다(출 32:7). 부패한 자들의 특징은 여호와를 떠나 악을 행하고, 우상을 만든다. 하나님은 마음이 부패한 자들이 우상의 형상을 만든다고 말씀하셨다(신 4:16-18, 25).

사도 바울은 "뱀이 그 간계로 하와를 미혹한 것 같이 너희 마음이 그리스도를 향하는 진실함과 깨끗함에서 떠나 부패할까 두려워하노라"고 말했다(고후 11:3). 마음이 부패한 얀네와 얌브레는 진리를 대적하고(딤후 3:8), 진리를 잃어버린다(딤전 6:5). 부패한 마음은 교만을 낳는다. 교만한 자는 하나님을 떠나 자기가 하나님의 자리를 찬탈한다. 하나님의 자리에 스스로 앉는 것이 우상이다. 시내산에서 금송아지를 만든 이스라엘은 교만했다.

"8.그들이 내가 그들에게 명령한 길을 속히 떠나 자기를 위하여 송아지를 부어 만들고 그것을 예배하며 그것에게 제물을 드리며 말하기를 이스라엘아 이는 너희를 애굽 땅에서 인도하여 낸 너희 신이라 하였도다 9.여호와께서 또 모세에게 이르시되 내가 이 백성을 보니 목이 뻣뻣한 백성이로다"(출 32:8-9)

# 우상/우상숭배 금지 † 명령

- 제2장 -

하나님은 십계명 제1계명에서 "너는 나 외에는 다른 신들을
네게 두지 말라"고 명령하셨다(출 20:3; 신 5:7).

# † 우상/우상숭배 금지 명령 †

성경이 우상을 금지하는 이유는 오직 여호와만이 참된 하나님이기 때문이다. 오직 창조주 하나님만이 경배와 예배, 영광을 받으실 분이다. 그러나 죄인은 하나님 대신 우상을 만들어 숭배했다. 우상은 인간의 역사와 함께 시작되었다. 인간은 죄 때문에 창조주 하나님을 잃어버리고 우상과 신화(神話)를 만들었다.

그렇다면 하나님은 우상과 우상숭배에 대해 어떻게 생각하실까? 하나님은 십계명 제1계명에서 "너는 나 외에는 다른 신들을 네게 두지 말라"고 하셨고(출 20:3; 신 5:7), 제2계명에서 "너를 위하여 새긴 우상을 만들지 말라"고 명령하셨다(출 20:4; 신 5:8). 하나님은 율법을 통해 우상의 형상을 만드는 것과 숭배하는 것을 강하게 금지하셨다. 다음의 표는 하나님께서 이스라엘 백성들이 가나안 땅에 들어가 하지 말아야 할 조항들을 분류한 것이다.

| 율법의 우상숭배 금지 | 우상숭배 금지 이유 | 우상숭배의 결과 |
|---|---|---|
| 1 | 가나안의 제단들을 헐고, 주상을 깨뜨리고, 목상을 찍어 버려라 (출 34:13; 신 7:) | 가나안 종교의 유혹으로 우상숭배하게 되며, 음란한 종교제의가 이스라엘을 음란(매춘행위)으로 빠져들게 할 것이다. | 하나님의 진노가 내릴 것이다. |
| 2 | 자기를 위해 어떤 형상도 만들지 말라 (출 20:3; 신 4:23 -5; 5:8). | 인간이 스스로 부패하여 자기를 위해 형상을 만드는 것이다 (신 4:16). 형상은 생명이 없으며, 신(神)이 아닌 인간이 만든 피조물이기 때문이다. | 하나님의 진노가 내리며, 이스라엘에게 주신 땅, 그 기업을 들어가지 못하게 할 것이다(신 4:21). |
| 3 | 다른 신(神)을 네게 두지 말고, 절하지 말며, 이름도 부르지 말라(출 20:3; 34:14; 신 5:7; 17:3) | 하나님은 질투하는 하나님이다 (출 24:14; 신 5:9). | 하나님을 떠나 우상을 섬기게 될 것이다. |
| 4 | 그 땅 족속들, 신(神)들과 언약 맺지 말라 (출 23:32; 신 7:1: 2:2) | 여호와만이 언약의 하나님으로, 이스라엘과 언약을 맺으시며, 언약을 베푸신다. | 이방 족속들이 이스라엘의 덫, 올무, 옆구리 채찍, 눈에 가시가 될 것이다(출 23:33). |
| 5 | 그 땅 족속들과 서로 결혼하지 말라(신 7:3) | 이방족속들의 유혹으로 그들이 섬기는 신(神)을 마침내 섬기게 될 것이다 (신 7:4). | 하나님께서 주신 아름다운 땅을 잃게 될 것이다. |
| 6 | 가나안 땅 족속들을 멸절하라 | 이방의 신들을 섬기게 되며, 종교적 혼합으로 여호와의 거룩을 상실하며, 이교의 문화로 타락하게 될 것이다. | 하나님께서 주신 땅에서 속히 망하게 될 것이다. |
| 7 | 가나안의 문화와 풍습을 따르지 말라 | | 우상과 연합하고 음행의 죄악이 가득했다 (호 4:10-18) |

〈표-2〉 우상에 대한 율법의 조항들

## | 가나안 종교의 신들과 제단들을 없애 버려라 |

**첫째**, 하나님은 가나안 땅에 들어갈 때 그들이 섬기는 신들과 제단들을 없애라고 명령하셨다(출 34:13-14; 레 26:1; 신 12:2-3; 16:21-22; 민 33:51-53).

"24. 너는 그들의 신을 경배하지 말며 섬기지 말며 그들의 행위를 본받지 말고 그것들을 다 깨뜨리며 그들의 주상을 부수고 25. 네 하나님 여호와를 섬기라…"(출 23:24-25a)

"오직 너희가 그들에게 행할 것은 이러하니 그들의 제단을 헐며 주상을 깨뜨리며 아세라 목상을 찍으며 조각한 우상들을 불사를 것이니라"(신 7:5)

**둘째**, 가나안 신들과 그 제단을 없애라는 명령에 순종할 때 하나님은 놀라운 복들을 약속하셨다(출 23:25b-27).

"3. 너희가 내 규례와 계명을 준행하면 4. 내가 너희에게 철따라 비를 주리니 땅은 그 산물을 내고 밭의 나무는 열매를 맺으리라 5. 너희의 타작은 포도 딸 때까지 미치며 너희의 포도 따는 것은 파종할 때까지 미치리니 너희가 음식을 배불리 먹고 너희의 땅에 안전하게 거주하리라 6. 내가 그 땅에 평화를 줄 것인즉 너희가 누울 때 너희를 두렵게 할 자가 없을 것이며 내가 사나운 짐승을 그 땅에서 제할 것이요

칼이 너희의 땅에 두루 행하지 아니할 것이며 7. 너희의 원수들을 쫓

으리니 그들이 너희 앞에서 칼에 엎드러질 것이라"(레 26:3-7)

그러나 여호수아와 이스라엘의 족속들은 가나안 땅을 차지하면서

가나안 족속들의 종교를 파괴하지 못했다. 그래서 우상과 제단을 없

애라는 명령에 불순종한 첫 사건은 사사기에 등장한다. 가나안 땅을

차지하고 정착한 이스라엘은 하나님의 명령에 불순종해 가나안 종교

의 바알(Baals)과 아스다롯(Ashtoreths)을 숭배했다.

"이스라엘 자손이 여호와의 목전에 악을 행하여 바알들을 섬기며 애

굽 땅에서 그들을 인도하여 내신 그들의 조상들의 하나님 여호와를

버리고 다른 신들 곧 그들의 주위에 있는 백성의 신들을 따라 그들에

게 절하여 여호와를 진노하시게 하였으되"(삿 2:11-12).

사사시대의 미가는 자기를 위해 "한 신상을 새기며 한 신상을 부

어" 만들었다(삿 17:3-4). 므낫세 왕은 "여호와 보시기에 악을 행하여

여호와께서 이스라엘 자손 앞에서 쫓아내신 이방 사람의 가증한 일

을 따라서 그의 아버지 히스기야가 헐어 버린 산당들을 다시 세우며

이스라엘의 왕 아합의 행위를 따라 바알을 위하여 제단을 쌓으며 아

세라 목상을 만들며 하늘의 일월성신을 경배하여 섬"겼다(왕하 21:2-3;

대하 33:2-3). 예레미야는 탄식하며 선포했다.

"유다야 네 신들이 네 성읍의 수와 같도다 너희가 예루살렘 거리의

수대로 그 수치스러운 물건의 제단 곧 바알에게 분향하는 제단을 쌓았도다"(렘 11:13).

호세아는 이스라엘의 우상숭배에 대해 "에브라임은 죄를 위하여 제단을 많이 만들더니 그 제단이 그에게 범죄하게 하는 것이 되었도다"라고 지적했다(호 8:11). 범죄한 이스라엘은 반드시 여호와의 심판을 받을 것이다.

"그들이 두 마음을 품었으니 이제 벌을 받을 것이라 하나님이 그 제단을 쳐서 깨뜨리시며 그 주상을 허시리라"(호 10:2)

"자기 손으로 만든 제단을 바라보지 아니하며 자기 손가락으로 지은 아세라나 태양상을 보지 아니할 것이며"(사 17:8)

그러나 바알과 아세라 제단과 형상을 파괴하라는 명령에 순종한 사람들도 있었다. 기드온과 히스기야, 아사, 여호사밧, 요시야 왕이다. 여호와께서 기드온에게 "바알의 제단을 헐며 그 곁의 아세라 상을 찍"으라 명령하셨을 때(삿 6:25), 기드온은 그대로 행했다(삿 6:27). 여호사밧 왕은 "아버지가 만든 바알의 주상"을 없앴다(왕하 3:2). 히스기야는 여러 산당과 제단들을 제거하고, 바알 주상을 깨고, 아세라 목상을 찍어 버렸다(왕하 18:4, 22; 사 36:7). 아사 왕도 "이방 제단과 산당을 없애고 주상을 깨뜨리며 아세라 상"을 찍어 버렸고, 산당과 태양상을 없애 버렸다(대하 14:3, 5). 요시야 왕은 종교개혁을 통해 우상과 제단들을 없애 버렸다(왕하 23장).

## | 가나안 족속들과 그 신들과 언약을 맺지 말라 |

하나님은 언약(ברית)의 하나님이다. 언약은 "주권적으로 사역되는 피로 맺은 약정(約正)이다. 하나님은 인간과 계약 관계를 수립할 때 주권적으로 삶과 죽음의 약정(bond)을 세운다. 언약은 피로 맺은 약정, 또는 주권적으로 이루어지는 삶과 죽음의 약정"이다.[8] 하나님의 언약은 영원토록 변하지 않는다. 하나님의 언약은 인간에게 베푸시는 은혜이며, 사랑의 약속이다.

하나님은 창조언약(창 1:26-28), 아담언약(창 2:3, 16-17; 3:15), 노아 언약(창 6:17-22; 8:20-22; 9:1-17)을 베푸셨다. 갈대아 우르(Ur)에서 아브라함을 부르실 때 '땅, 후손, 복'을 주실 것을 언약하셨다(창 12:1-3; 15:13-16; 17:1-2). 출애굽 구원에서 유월절 언약(출 12:18-25), 시내산 언약으로 율법을 주셨고, 이스라엘을 "나의 장자, 나의 소유", "왕 같은 제사장들", "거룩한 백성"(출 19:5-6), "나는 너의 하나님이 되고, 너는 나의 백성" 삼으셨다(출 6:7). 가나안 땅 수여를 약속하셨으며, 그 땅에 여호와의 이름을 위하여 선택된 장소에서 제사드릴 것을 약속하셨다(신 12:5, 11, 21; 14:24; 16:2).

영원하신 하나님의 언약은 영원토록 변하지 않으며 반드시 성취되지만, 죽어 있는 거짓 신들인 우상은 언약을 맺을 수도 없으며 언약을 성취하지도 못한다. 가나안 족속들과 그들의 우상들과 언약을 맺는다는 것은 여호와의 언약을 배반하는 행위이다. 가나안 신들과 언

---

8) 팔머 로벗슨, 『계약신학과 그리스도』 김의원 역, (서울: 기독교문서선교회, 1999), p. 12.

약을 맺는다는 것은 여호와께서 언약하신 모든 것을 버리는 것이며, 가나안 신들을 새롭게 섬긴다는 의미이다. 가나안 신들이 이스라엘을 지키며 복을 주고, 가나안 신들의 종교와 법률을 따르는 가나안 종교의 백성들이 된다는 것을 의미한다. 그래서 가나안 신들과 언약을 맺지 말라고 명령하셨다.

> "32.너는 그들과 그들의 신들과 언약하지 말라 33.그들이 네 땅에 머무르지 못할 것은 그들이 너를 내게 범죄하게 할까 두려움이라 네가 그 신들을 섬기면 그것이 너의 올무가 되리라"(출 23:32-33)

> "12.너는 스스로 삼가 네가 들어가는 땅의 주민과 언약을 세우지 말라 그것이 너희에게 올무가 될까 하노라 … 15.너는 삼가 그 땅의 주민과 언약을 세우지 말지니 이는 그들이 모든 신을 음란하게 섬기며 그들의 신들에게 제물을 드리고 너를 청하면 네가 그 제물을 먹을까 함이며"(출 34:12, 15)

가나안 족속들과 그들의 신들과 언약을 맺지 말아야 할 이유는 **첫째**, 가나안 족속들과 그 신들의 언약으로 이스라엘 족속들이 우상을 섬기는 죄를 짓게 될 것이다. **둘째**, 그 언약은 이스라엘의 영혼을 죽이는 올무가 될 것이다. **셋째**, 가나안 종교 제의에 있는 '음란'(prostitute)이 이스라엘에게 있으며, 그 신들을 음란하게 섬길 것이다. **넷째**, 그 신들에게 제물을 드리고, 그 제물을 먹게 될 것이다. 하나님께서 언약 금지 명령을 하신 이유는 이스라엘이 가나안 땅에 들어가 가나안 족속들과 그 신들과 언약을 맺을 것을 알고 계셨기 때문이다(신 31:20-21).

> "또 여호와께서 모세에게 이르시되 너는 네 조상과 함께 누우려니와 이 백성은 그 땅으로 들어가 음란히 그 땅의 이방 신들을 따르며 일어날 것이요 나를 버리고 내가 그들과 맺은 언약을 어길 것이라"(신 31:16)

이스라엘은 젖과 꿀이 흐르는 가나안 땅에서 먹고 배부르고 살쪄서 다른 신들을 섬기며, 여호와를 멸시하며, 여호와의 언약을 어기게 될 것이다. 그러나 사사기의 전형처럼 이스라엘이 수많은 재앙과 환난을 당할 때가 되어야 여호와께 부르짖게 될 것이다(삿 2:18; 3:9; 3:15; 5:3; 6:7; 10:10 등).


## | 가나안 족속들과 결혼하지 말라 |

하나님은 이스라엘 족속들과 가나안 족속 간의 국제결혼을 금지하셨다. 그 이유는 가나안 족속들이 이스라엘을 유혹하여 가나안 신들을 음란하게 섬기게 할 것이기 때문이다.

> "16.또 네가 그들의 딸들을 네 아들들의 아내로 삼음으로 그들의 딸들이 그들의 신들을 음란하게 섬기며 네 아들에게 그들의 신들을 음

란하게 섬기게 할까 함이니라"(출 34:16)

"2.네 하나님 여호와께서 그들을 네게 넘겨 네게 치게 하시리니 그
때에 너는 그들을 진멸할 것이라 그들과 어떤 언약도 하지 말 것이요
그들을 불쌍히 여기지도 말 것이며 3.또 그들과 혼인하지도 말지니
네 딸을 그들의 아들에게 주지 말 것이요 그들의 딸도 네 며느리로
삼지 말 것은 4.그가 네 아들을 유혹하여 그가 여호와를 떠나고 다른
신들을 섬기게 하므로 여호와께서 너희에게 진노하사 갑자기 너희를
멸하실 것임이니라 5.오직 너희가 그들에게 행할 것은 이러하니 그
들의 제단을 헐며 주상을 깨뜨리며 아세라 목상을 찍으며 조각한 우
상들을 불사를 것이니라"(신 7:2-5)

하나님의 우려는 요단 동편 싯딤에서 현실로 나타났다. 이스라엘
은 싯딤에서 모압 여인들과 음행하기(sexual immorality) 시작했다. 이스
라엘은 모압 여인들이 섬기는 신들을 섬기며 제사 드렸다. 하나님은
이스라엘에게 진노하셨다.

"1.이스라엘이 싯딤에 머물러 있더니 그 백성이 모압 여자들과 음행
하기를 시작하니라 2.그 여자들이 자기 신들에게 제사할 때에 이스
라엘 백성을 청하매 백성이 먹고 그들의 신들에게 절하므로 3.이스
라엘이 바알브올에게 가담한지라 여호와께서 이스라엘에게 진노하
시니라"(민 25:1-3)

이스라엘의 음행은 남녀 간의 성적 타락뿐 아니라 남편이신 여호와를 버리고, 모압 여인들이 섬기던 신을 남편으로 삼았기 때문에 영적인 "간음"이 되었다. 이스라엘이 섬긴 바알브올(Peor of Baal)은 "브올의 바알 신"이었다. 이스라엘은 모압 족속 여인들과 바알을 섬기면서 "신전 창기들"과 온갖 음행을 저질렀다. 그들의 숭배의식은 다른 가나안 신들과 같이 노천 "산당들"에서 이루어졌다(왕상 14:23; 왕하 17:20; 렘 17:2).9) 이후 이방 여인들 때문에 우상을 숭배한 최악의 왕은 솔로몬이었다.

"1.솔로몬 왕이 바로의 딸 외에 이방의 많은 여인을 사랑하였으니 곧 모압과 암몬과 에돔과 시돈과 헷 여인이라 2.여호와께서 일찍이 이 여러 백성에 대하여 이스라엘 자손에게 말씀하시기를 너희는 그들과 서로 통혼하지 말며 그들도 너희와 서로 통혼하게 하지 말라 그들이 반드시 너희의 마음을 돌려 그들의 신들을 따르게 하리라 하셨으나 솔로몬이 그들을 사랑하였더라 3.왕은 후궁이 칠백 명이요 첩이 삼백 명이라 그의 여인들이 왕의 마음을 돌아서게 하였더라 4.솔로몬의 나이가 많을 때에 그의 여인들이 그의 마음을 돌려 다른 신들을 따르게 하였으므로 왕의 마음이 그의 아버지 다윗의 마음과 같지 아니하여 그의 하나님 여호와 앞에 온전하지 못하였으니 5.이는 시돈 사람의 여신 아스다롯을 따르고 암몬 사람의 가증한 밀곰을 따름이라 6.솔로몬이 여호와의 눈앞에서 악을 행하여 그의 아버지 다윗

---

9) A. 누르체, 『민수기』 최종태 역, (서울: 크리스챤서적, 1993), p. 377.

이 여호와를 온전히 따름 같이 따르지 아니하고 7.모압의 가증한 그 모스를 위하여 예루살렘 앞산에 산당을 지었고 또 암몬 자손의 가증 한 몰록을 위하여 그와 같이하였으며 8.그가 또 그의 이방 여인들을 위하여 다 그와 같이 한지라 그들이 자기의 신들에게 분향하며 제사 하였더라"(왕상 11:1-8)

솔로몬은 "너희는 그들과 서로 통혼하지 말며 그들도 너희와 서로 통혼하게 하지 말라 그들이 반드시 너희의 마음을 돌려 그들의 신들 을 따르게 하리라"는 하나님의 명령을 어겼다(출 34:11-16; 신 7:1-4). 솔로몬은 일천 명의 여인들로 인해 여호와가 아닌 다른 신들을 섬기 는 죄악을 범했다.

북왕조의 아합왕도 시돈의 공주 이세벨을 아내로 맞아 북이스라엘 을 바알과 아세라를 섬기는 나라로 만들었다. 아합은 여호와의 선지 자를 핍박한 반면 바알과 아세라 선지자들을 극진히 대우했다. 그리 고 북왕조 최초로 수도 사마리아에 바알의 신전과 제단을 쌓는 범죄 를 저질렀다.

"30.오므리의 아들 아합이 그의 이전의 모든 사람보다 여호와 보시 기에 악을 더욱 행하여 31.느밧의 아들 여로보암의 죄를 따라 행하는 것을 오히려 가볍게 여기며 시돈 사람의 왕 엣바알의 딸 이세벨을 아 내로 삼고 가서 바알을 섬겨 예배하고 32.사마리아에 건축한 바알의 신전 안에 바알을 위하여 제단을 쌓으며 33.또 아세라 상을 만들었으 니 그는 그 이전의 이스라엘의 모든 왕보다 심히 이스라엘 하나님 여

호와를 노하시게 하였더라"(왕상 16:30-33)

그러나 이방인과 결혼하지 말라는 율법을 순종한 사람들도 있다. 학사 에스라는 포로에서 돌아와 남아 있던 이스라엘 백성들에게 이방결혼의 죄와 회개를 선포할 때 몇몇의 반대자들 외에 모두가 순종했다(스 10:9-12, 15-20, 44). 이방인과의 결혼은 긍정적인 경우도 있다. 이방여인이 여호와 신앙을 받아들인 경우가 있다. 대표적으로 예수님의 족보에 등장하는 믿음의 여인들이다. 라합과 그의 며느리가 된 모압 여인 룻(마 1:5), 헷 사람 우리아의 아내 밧세바였다(마 1:6). 라합과 룻은 하나님께 대한 믿음을 고백했다.

"8.또 그들이 눕기 전에 라합이 지붕에 올라가서 그들에게 이르러 9.말하되 여호와께서 이 땅을 너희에게 주신 줄을 내가 아노라 우리가 너희를 심히 두려워하고 이 땅 주민들이 다 너희 앞에서 간담이 녹나니 10.이는 너희가 애굽에서 나올 때에 여호와께서 너희 앞에서 홍해 물을 마르게 하신 일과 너희가 요단 저쪽에 있는 아모리 사람의 두 왕 시혼과 옥에게 행한 일 곧 그들을 전멸시킨 일을 우리가 들었음이니라 11.우리가 듣자 곧 마음이 녹았고 너희로 말미암아 사람이 정신을 잃었나니 너희의 하나님 여호와는 위로는 하늘에서도 아래로는 땅에서도 하나님이시니라"(수 2:8-11)

"16.룻이 이르되 내게 어머니를 떠나며 어머니를 따르지 말고 돌아가라 강권하지 마옵소서 어머니께서 가시는 곳에 나도 가고 어머니

께서 머무시는 곳에서 나도 머물겠나이다 어머니의 백성이 나의 백
성이 되고 어머니의 하나님이 나의 하나님이 되시리니 17.어머니께
서 죽으시는 곳에서 나도 죽어 거기 묻힐 것이라 만일 내가 죽는 일
외에 어머니를 떠나면 여호와께서 내게 벌을 내리시고 더 내리시기
를 원하나이다 하는지라"(룻 1:16-17)

여호와를 믿은 이방여인들은 오히려 이스라엘 사람들과 결혼하여
예수님의 족보에 들어가는 영광을 얻었다. 라합은 살몬과 결혼하여
믿음의 아들 보아스를 낳아 길렀고, 보아스는 룻과 결혼하여 다윗의
할머니가 되는 믿음의 조상이 되었다(룻 4:21-22).


## | 이집트와 가나안의 풍속을 따르지 말라 |

이집트와 가나안의 풍속은 항상 우상과 함께한다. 그래서 하나님
은 그들의 풍속을 따르지 말 것을 명령하셨다. 하나님의 백성이 이스
라엘은 오직 여호와 하나님만을 믿어야 하며, 여호와의 율법을 따라
살아야 한다(레 20:22-23).

"3.너희는 너희가 거주하던 애굽 땅의 풍속을 따르지 말며 내가 너희
를 인도할 가나안 땅의 풍속과 규례도 행하지 말고 4.너희는 내 법도
를 따르며 내 규례를 지켜 그대로 행하라 나는 너희의 하나님 여호와
이니라 … 30.그러므로 너희는 내 명령을 지키고 너희가 들어가기 전

에 행하던 가증한 풍속을 하나라도 따름으로 스스로 더럽히지 말라 나는 너희의 하나님 여호와이니라"(레 18:3-4, 30)

풍속들은 종교와 함께 발전한다. 그래서 하나님은 가나안 종교의 영향을 받는 풍속들은 "가증한 풍속"이라고 말씀하셨다. 그러나 이스라엘은 가나안 땅에 들어가 정착하면서 가나안 종교의 바알과 아세라/아스다롯을 섬겼고, 가나안 풍속들을 받아들였다. 삼손도 가나안의 풍속을 받아들인 대표적인 사람이다. "삼손의 아버지가 여자에게로 내려가매 삼손이 거기서 잔치를 베풀었으니 청년들은 이렇게 행하는 풍속이 있음이더라"(삿 14:10). 북이스라엘 사람들은 하나님을 떠나 가나안의 신들을 섬겼으며 그들의 풍속을 따랐다.

북이스라엘의 멸망은 표면적으로는 앗수르와 정치적 문제 때문이지만 신앙적으로는 가나안 풍속과 우상을 섬긴 결과였다. 북왕조의 마지막 왕 호세아는 디글랏빌레셀(Tiglath-Pileser Ⅲ B.C. 745-727) 왕을 이어 앗수르의 왕이 된 살만에셀 5세(Shalmaneser Ⅴ)에게도 조공을 바쳤다(왕하 17:3). 그러나 이집트 왕 소(So)에게 사신을 보내 화친하면서 앗수르에게 해마다 보내던 조공을 바치지 않았다. 호세아가 앗수르를 반역하고 반(反)앗수르 정책을 채택했는지는 아직도 풀리지 않는 문제이다. 성경뿐만 아니라 살만에셀 세대의 역사적 명문들과 서고(書庫) 기록들이 전혀 남아 있지 않다.

그러나 호세아가 반(反)앗수르 정책을 펼친 이유는 아마도 첫째, 수리아-팔레스타인에서 일어난 대규모 반(反)앗수르 반란의 일부이거나 둘째, 이집트의 선동과 지원에 의지했던 것 같다.[10] 하지만 이러한 호세아의 반(反)앗수르 정책은 이스라엘에게는 자살행위였다. 왜냐하면 당시 이집트는 군소 국가들로 나뉘어 각축하고 있었기 때문에 이스라엘을 도울 여력이 없었기 때문이다. 호세아와 화친한 이집트 왕 소는 아마도 무력했던 서부 삼각주 지대의 사이스(Sais)에 왕궁을 둔 제24왕조의 테프나크테(Tefnakte)였을 것이다.[11]

호세아 왕의 배반을 알게 된 살만에셀은 B.C. 724년 북이스라엘을 공격하기 위해 출정했다. 살만에셀이 군대를 이끌고 온다는 사실을 안 호세아는 살만에셀에게 화친을 청하러 갔다가 오히려 옥에 감금되었다(왕하 17:4-5). 살만에셀은 저항하는 사마리아를 3년 간 에워싸고 B.C. 722/721년에 사마리아를 함락했다. B.C. 722년 말에 살만에셀이 죽자 앗수르를 장악한 사르곤 2세(SargonⅡ)는 자신이 사마리아를 정복했다는 글을 남겼다.[12]

"나는 사마리아를 포위하고 정복했다. 전리품으로 27,290명의 사마리아 거주민을 포로로 데려갔다. 나는 그들 가운데서 50승으로 이루어진 병거 부대를 만들어 남아 있는 거민들로 하여금 사회적 지위를 취하게 하였다. 나는 그들 위에 내가 임명한 관리를 세우고 그들에게 이전의 왕이 바치지 못한 조공도 바치게 하였다."(ANE 1:195,

---

10) J. 맥스웰 밀러 · 존 H. 헤이스, 『고대 이스라엘 역사』 박문재 역, (서울: 크리스챤다이제스트, 1996), p. 414.
11) 존 브라이트, 『이스라엘 역사』 박문재 역, (서울: 크리스챤다이제스트, 1994), p. 376.
12) 존 브라이트, *Ibid.*, p. 376.

ANET 284–285)[13]

그러나 이것은 사르곤의 통치 시절 자신의 업적을 자랑하기 위한 것일 뿐 역사적 사실은 아니다. 사마리아를 정복한 왕은 성경의 기록대로 살만에셀이다. 북이스라엘의 멸망은 표면적으로는 정치 군사적인 이유였지만, 근본적으로 여호와께 대한 신앙을 버렸기 때문이다. 하나님은 북이스라엘이 앗수르에게 멸망하게 될 이유가 하나님의 법을 떠나 우상을 섬겼기 때문이라고 말씀하셨다(왕하 17:1-41). 북이스라엘은 이집트에서 인도하신 하나님을 버리고 다른 신들을 섬기며, 이방의 풍속을 따라 행하였기 때문에 하나님의 진노를 사게 된 것이다. 이사야는 하나님의 백성들인 야곱 족속들을 버린 이유가 "그들에게 동방 풍속이 가득하며 그들이 블레셋 사람들 같이 점을 치며 이방인과 더불어 손을 잡아 언약하였음이라"고 선포했다(사 2:6).

## | 오직 여호와만을 섬겨라 |

하나님은 이스라엘에게 오직 여호와만을 섬기며, 가나안의 신들을 경배하며 섬기지 말고, 가나안 신들의 형상과 제단을 부수며, 이방의 풍속들을 따르지 말라고 하셨다. 그 이유는 오직 여호와 하나님만이 참된 하나님이기 때문이다. 하나님은 강한 손과 편 팔로 이스라엘

---

13) 알프레드 J. 허트, 『고고학과 구약성경』 강대홍 역, (서울: 도서출판 미스바, 2003), p. 461.

을 이집트 땅에서 구원하신 하나님이다.

"32.네가 있기 전 하나님이 사람을 세상에 창조하신 날부터 지금까지 지나간 날을 상고하여 보라 하늘 이 끝에서 저 끝까지 이런 큰 일이 있었느냐 이런 일을 들은 적이 있었느냐 33.어떤 국민이 불 가운데에서 말씀하시는 하나님의 음성을 너처럼 듣고 생존하였느냐 34.어떤 신이 와서 시험과 이적과 기사와 전쟁과 강한 손과 편 팔과 크게 두려운 일로 한 민족을 다른 민족에게서 인도하여 낸 일이 있느냐 이는 다 너희의 하나님 여호와께서 애굽에서 너희를 위하여 너희의 목전에서 행하신 일이라 35.이것을 네게 나타내심은 여호와는 하나님이시요 그 외에는 다른 신이 없음을 네게 알게 하려 하심이니라 36. 여호와께서 너를 교훈하시려고 하늘에서부터 그의 음성을 네게 듣게 하시며 땅에서는 그의 큰 불을 네게 보이시고 네가 불 가운데서 나오는 그의 말씀을 듣게 하셨느니라 37.여호와께서 네 조상들을 사랑하신 고로 그 후손인 너를 택하시고 큰 권능으로 친히 인도하여 애굽에서 나오게 하시며 38.너보다 강대한 여러 민족을 네 앞에서 쫓아내고 너를 그들의 땅으로 인도하여 들여서 그것을 네게 기업으로 주려 하심이 오늘과 같으니라 39.그런즉 너는 오늘 위로 하늘에나 아래로 땅에 오직 여호와는 하나님이시요 다른 신이 없는 줄을 알아 명심하고 40.오늘 내가 네게 명령하는 여호와의 규례와 명령을 지키라 너와 네 후손이 복을 받아 네 하나님 여호와께서 네게 주시는 땅에서 한없이 오래 살리라"(신 4:32-40)

여호와는 이스라엘에게 "규례와 명령을 지키라"고 명령하셨다. 그리하면 이스라엘의 후손들을 복을 받을 것이며, 하나님께서 영원한 기업으로 주신 땅에서 "한없이 오래 살"게 될 것이다(신 4:40).

## | 거짓 꿈으로 유혹하는 자를 멸하라 |

하나님은 우상뿐 아니라 거짓 꿈으로 이스라엘을 유혹하는 자들도 멸하라고 말씀하셨다. 우상을 섬기는 자는 꿈으로 이스라엘을 유혹한다. 거짓 선지자와 꿈꾸는 자는 이집트에서 인도하신 여호와 하나님을 배반하도록 유혹한다. 그러므로 하나님은 꿈꾸는 자를 죽이라 명령하셨다.

"1. 너희 중에 선지자나 꿈꾸는 자가 일어나서 이적과 기사를 네게 보이고 2. 그가 네게 말한 그 이적과 기사가 이루어지고 너희가 알지 못하던 다른 신들을 우리가 따라 섬기자고 말할지라도 3. 너는 그 선지자나 꿈꾸는 자의 말을 청종하지 말라 이는 너희의 하나님 여호와께서 너희가 마음을 다하고 뜻을 다하여 너희의 하나님 여호와를 사랑하는 여부를 알려 하사 너희를 시험하심이니라"(신 13:1-3)

"선지자나 꿈꾸는 자는 죽이라 이는 그가 너희에게 너희를 애굽 땅에서 인도하여 내시며 종 되었던 집에서 속량하신 너희의 하나님 여호와를 배반하게 하려 하며 너희의 하나님 여호와께서 네게 행하라 명령하신 도에서 너를 꾀어내려고 말하였음이라 너는 이같이 하여 너

희 중에서 악을 제할지니라"(신 13:5)

예레미야는 이집트 땅에서, 광야에서 인도하신 여호와를 기억하며 교만했던 조상들과 같지 않게 되도록, 하나님께 은혜를 베풀어 주시기를 기도했다(렘 9:16-38).

# 우상과 사사기의
# 전 ✝ 형

- 제3장 -

"그때에 이스라엘에 왕이 없으므로 사람이 각기 자기의 소견에
옳은 대로 행하였더라"(삿 21:25).

# † 우상과 사사기의 전형 †

사사기는 여호수아와 이스라엘이 가나안 땅을 정복하고 정착한 이후 약 350년 동안을 기록한 책이다. 사사기는 이스라엘 족속들이 가나안 땅에 들어가 지켜야 할 하나님의 말씀 즉, 율법에 순종이냐 불순종이냐에 따라 어떤 결과가 나타났는가를 볼 수 있다. 사사기 전체를 볼 때 "여호수아가 죽은 후"부터(삿 1:1a) 영적인 내리막이 시작되어 미가, 단지파, 레위와 첩, 그리고 베냐민 지파의 멸절로 이어지는 최악의 영적 타락, 어둠으로 끝을 맺는다.

> "그때에 이스라엘에 왕이 없으므로 사람이 각기 자기의 소견에 옳은 대로 행하였더라"(삿 21:25).

약속의 땅이며, 젖과 꿀이 흐르는 가나안 땅, 여호수아와 이스라엘은 그 땅 족속들과 싸워 땅을 차지했다. 그러나 가나안 땅에 정착한 이스라엘은 하나님의 명령에 불순종했다. 그들은 하나님을 떠나 가나안 우상들을 섬겼고, 가나안 족속들을 살려두었으며 그들과 언약하고, 결혼하는 죄악을 범했다. 그럼에도 사사기는 하나님의 구원의 역사를 보여 준다. 이스라엘은 하나님 앞에서 죄악을 범하여 이방 민족들에게 압제를 당하는 수난을 당했다. 그러나 하나님은 이스라엘의 부르짖음으로 뜻을 돌이켜 사사를 세워 구원하셨다.

## | 사사기와 불순종의 시작 |

사사기의 불순종은 **첫째**, 기도의 불순종이었다. 여호수아가 죽은 후 이스라엘 자손들을 여호와께 나아가 "누가 먼저 올라가서 가나안 족속과 싸우리이까"를 물었다(삿 1:1). 그러나 이 기도는 잘못이었다. 불순종에서 나온 기도였다. 가나안 땅은 이스라엘 모든 지파에서 준 땅이며, 각 지파별로 기업으로 얻을 땅을 이미 분배받았다. 가나안에 "누가" 올라가야 할 것이 아니라 "모두" 함께 가서 차지해야 했다.

**둘째**, 하나님의 응답에 불순종했다. 이스라엘의 기도에 하나님은 "유다가 올라갈지니라 보라 내가 이 땅을 그의 손에 넘겨주었노라"고 응답하셨다(삿 1:1). 그러나 유다 족속은 하나님의 응답을 외면하고 형제 시므온 족속을 끌어들여 함께 가나안과 싸우러 올라갔다(삿 1:3).

**셋째**, 가나안 족속들을 다 쫓아내지 못한 불순종이다. 이스라엘은 가나안 족속들과 전쟁에서 반드시 승리하며, 그들을 쫓아낼 수 있었다. 그 이유는 가나안 땅은 이스라엘에게 주신 땅이며, 여호와께서 전쟁에 함께하셨기 때문이다. 그러나 이스라엘은 가나안의 군사력을 보는 순간 가나안 족속들을 쫓아내지 못했다. "여호와께서 유다와 함께 계셨으므로 그가 산지 주민을 쫓아내었으나 골짜기의 주민들은 철병거가 있으므로 그들을 쫓아내지 못하였으며"(삿 1:19). 사사기 1장은 유다 족속을 시작으로 이스라엘 모든 족속들이 일부 가나안 족속들을 쫓아내지 못한 사건을 중요하게 다룬다.

## | 우상에 대한 율법의 순종과 불순종의 결과 |

가나안 땅은 우상들이 가득한 땅이었다. 바알은 가나안의 주(主) 신이었고, 바알제의는 가나안 족속들의 생활양식이었다. 이스라엘에게 심각한 위협을 줄 종교였다. 그래서 여호수아는 이스라엘에게 강력하게 경고했다.

"11.그러므로 스스로 조심하여 너희의 하나님 여호와를 사랑하라 12.너희가 만일 돌아서서 너희 중에 남아 있는 이 민족들을 가까이 하여 더불어 혼인하며 서로 왕래하면 13.확실히 알라 너희의 하나님 여호와께서 이 민족들을 너희 목전에서 다시는 쫓아내지 아니하시리니 그들이 너희에게 올무가 되며 덫이 되며 너희의 옆구리에 채찍이 되며 너희의 눈에 가시가 되어서 너희가 마침내 너희의 하나님 여호와께서 너희에게 주신 이 아름다운 땅에서 멸하리라"(수 23:11-13)

그러나 이스라엘은 가나안 땅에 들어가자 여호수아의 경고를 무시했다. 이스라엘은 하나님의 말씀에 불순종했다. 가나안 땅의 주민들과 언약을 맺었고, 우상의 제단을 헐지 않았다. 하나님은 사자를 보내 이스라엘을 책망하셨다.

"1.여호와의 사자가 길갈에서부터 보김으로 올라와 말하되 내가 너희를 애굽에서 올라오게 하여 내가 너희의 조상들에게 맹세한 땅으로 들어가게 하였으며 또 내가 이르기를 내가 너희와 함께 한 언약을 영원히 어기지 아니하리니 2.너희는 이 땅의 주민과 언약을 맺지 말며 그들의 제단들을 헐라 하였거늘 너희가 내 목소리를 듣지 아니하였으니 어찌하여 그리하였느냐 3.그러므로 내가 또 말하기를 내가 그들을 너희 앞에서 쫓아내지 아니하리니 그들이 너희 옆구리에 가시가 될 것이며 그들의 신들이 너희에게 올무가 되리라 하였노라"(삿 2:1-3)

여호와의 사자의 경고에도 불구하고 이스라엘은 여호와의 목전에서 악을 행하였다. 그들은 바알과 아세라, 그리고 수많은 신들을 섬기는 우상숭배의 역사를 시작했다.

"11.이스라엘 자손이 여호와의 목전에 악을 행하여 바알들을 섬기며 12.애굽 땅에서 그들을 인도하여 내신 그들의 조상들의 하나님 여호와를 버리고 다른 신들 곧 그들의 주위에 있는 백성의 신들을 따라 그들에게 절하여 여호와를 진노하시게 하였으되 13.곧 그들이 여호와를 버리고 바알과 아스다롯을 섬겼으므로"(삿 2:11-13)

이스라엘의 우상숭배는 하나님의 진노를 샀다. 하나님은 언약대로 이스라엘을 이방인의 손에 파셨다. 이방인의 압제는 형식상 땅을 소유하지만 땅의 주권이 없었다. 하나님의 진노, 땅의 상실, 이방인의 압제로 인한 괴로움은 우상숭배의 결과였다.

> "14.여호와께서 이스라엘에게 진노하사 노략하는 자의 손에 넘겨주사 그들이 노략을 당하게 하시며 또 주위에 있는 모든 대적의 손에 팔아넘기시매 그들이 다시는 대적을 당하지 못하였으며 15.그들이 어디로 가든지 여호와의 손이 그들에게 재앙을 내리시니 곧 여호와께서 말씀하신 것과 같고 여호와께서 그들에게 맹세하신 것과 같아서 그들의 괴로움이 심하였더라"(삿 2:14-15)

하나님은 이스라엘의 부르짖음에 사사를 세워 그들을 구원하셨다. 그러나 사사가 죽은 후에 다시 우상을 섬기는 죄악의 악순환이 계속되었다.

> "19.그 사사가 죽은 후에는 그들이 돌이켜 그들의 조상들보다 더욱 타락하여 다른 신들을 따라 섬기며 그들에게 절하고 그들의 행위와 패역한 길을 그치지 아니하였으므로"(삿 2:19)

## | 사사기의 순환공식 |

사사기는 "여호와 목전에 악(惡)/우상숭배-이방인의 압제/땅 상실-부르짖음-사사 세워 구원-태평-사사죽음-악행"의 순환이 계속된다. 그중에 옷니엘 기사에는 10가지 전형적인 공식이 나타난다. 옷니엘은 사사라는 "직책"이 무엇인지를 보여 주는 "모델"로 제시된다.[14] 옷니엘의 10가지 공식은 다음과 같다.

| | 공식 | 표현 | 옷니엘 |
|---|---|---|---|
| 1 | 악행 | 이스라엘 자손이 여호와 목전에 악을 행하여 | 3:7 |
| 2 | 우상숭배 | 여호와를 잊어버리고 바알들과 아세라들을 섬긴지라 | 3:7 |
| 3 | 진노 | 여호와께서 이스라엘에게 진노하사 | 3:8 |
| 4 | 파심 | 그들을 구산 리사다임의 손에 파셨으므로 | 3:8 |
| 5 | 부르짖음 | 이스라엘 자손이 여호와께 부르짖으매 | 3:9 |
| 6 | 세움 | 여호와께서 한 구원자를 세워 구원하게 하시니 | 3:9 |
| 7 | 사사 | 그가 이스라엘 사사가 되어 | 3:10 |
| 8 | 이김 | 옷니엘의 손이 구산 리사다임을 이기니라 | 3:10 |
| 9 | 태평 | 그 땅이 태평한 지 사십 년에 | 3:11 |
| 10 | 죽음 | 그나스의 아들 옷니엘이 죽었더라 | 3:11 |

〈표-3〉 사사기의 전형 옷니엘 모델[15]

---

14) 김지찬, 『요단강에서 바벨론 물가까지: 구약 역사서의 문예적-신학적 서론』(서울: 생명의 말씀사, 1999), p. 167.
15) 김지찬, Ibid., p. 168. 그는 Barry G. Webb, *The Book of the Judges: An Integrated Reading*, JSOTS 46 (Seffield: JSOT Press, 1987), 127를 참조했다.

사사기의 사사들의 기사에는 옷니엘의 전형적인 공식은 포함되지 않지만 나머지 12명의 사사의 기사들에도 일부 공식들이 나타난다.

| | 옷니엘 | 에훗 | 삼갈 | 드보라 | 기드온 | 돌라 |
|---|---|---|---|---|---|---|
| 여호와 목전에서 악행 | 3:7a | 3:12a | | 4:1b | 6:1 | |
| 여호와를 버리고 우상숭배 | 3:7b | | | | | |
| 여호와께서 이스라엘에 진노 | 3:8a | | | | | |
| ~에게 파심/붙이심 | 3:8b | | | 4:2a | | |
| 이스라엘이 ~를 섬김 | 3:8c | 3:14 | | | | |
| 여호와께 부르짖음 | 3:9a | 3:15a | | | 6:6-7 | |
| 여호와께서 구원자/사사 세움 | 3:9b | 3:15b | | | | 10:1 |
| 여호와의 신이 임함 | 3:10a | | | | 6:34 | |
| 사사가 되어 전쟁 주도 | 3:10b | | | 4:4 | | 10:2a |
| 넘겨주시니 물리침/구원하심 | 3:10c | 3:28 | 3:31 | 4:7 | 7:7,9,15b | |
| ~년 동안 사사/평안/다스림 | 3:11a | 3:30b | | 5:31c | 8:28b | 10:2b |
| 사사가 죽음 | 3:11b | 4:1a | | | 8:32 | 10:2b |

| | 야일 | 입다 | 입산 | 엘론 | 압돈 | 삼손 |
|---|---|---|---|---|---|---|
| 여호와 목전에서 악행 | | 10:6a | | | | 13:1a |
| 여호와를 버리고 우상숭배 | | 10:6b 13a,14b | | | | |
| 여호와께서 이스라엘에 진노 | | 10:7a | | | | |
| ~에게 파심/붙이심 | | 10:7b | | | | 13:1b |
| 이스라엘이 ~를 섬김 | | | | | | |
| 여호와께 부르짖음 | | 10:10a | | | | |
| 여호와께서 구원자/ 사사 세움 | 10:3a | | 12:8 | 12:13 | | |
| 여호와의 신이 임함 | | 11:29 | | | | 13:25 |
| 사사가 되어 전쟁 주도 | 10:3b | 12:4 | | | | 15:20 16:31 |
| 넘겨주시니 물리침/구원하심 | | 11:30b 32b | | | | |
| ~년 동안 사사/평안/다스림 | 10:3b | 12:7b | 12:9 | 12:11 | 12:14 | 15:20 |
| 사사가 죽음 | 10:5 | 12:7b | 12:10 | 12:12 | 12:15 | 16:30 |

〈표-4〉 사사 순환 공식[16]

---

16) 빅터 해밀턴, 『역사서 개론』 강성열 역, (경기: 크리스찬다이제스트, 2005), p. 146. 본서에서는 해밀턴의 표를 인용하면서 수정과 보안을 했다.

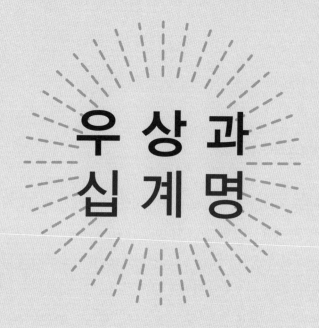

# 우 상 과
# 십 계 명

- 제4장 -

십계명은 하나님이 이스라엘에게 이스라엘이 '제사장 나라와
거룩한 백성'이 되기 위한 수단으로 율법이라는 커다란 선물을 부여
하신 것이다(출 19:6).

# † 우상과 십계명 †

## | 십계명의 하나님과 우상 |

십계명은 시내산 언약의 중심 계명이다. 십계명은 하나님께서 직접 이스라엘에게 선포하신 언약이며(신 4:13), 두 돌판 위에 손가락으로 직접 기록하셨고(출 24:12; 31:18; 32:15-16; 신 5:22; 9:10) 성막의 가장 거룩한 장소, 지성소의 언약궤 안에 두셨다(출 40:20, 신 10:4-5). 십계명은 히브리어로는 "아세레트 하드바림"(עשׂרת הדברים)으로 "열 가지 말씀들" 또는 "열 가지 계명들"이다(출 34:28; 신 4:13; 10:4).

십계명 제1-4계명은 하나님과 인간에 대한 계명, 제5-10계명은 인간과 인간의 관계에 대한 계명으로 나뉜다. 십계명의 처음 두 계명은 하나님의 유일/독특하심과 그 무엇으로도 비교할 수 없는 것이기 때문에 중요하다.[17] 오직 여호와만이 하나님이며, 신(神)이라 불리는

---

17) 유진 H. 메릴, 『구약신학: 영원하신 통치』 김상진 · 성주진 · 류근상 공역, (고양: 크리스챤 출판사, 2012), p. 448.

모든 것은 거짓 우상에 불과하다. 제임스 쿠걸은 "십계명은 하나님이 이스라엘에게 이스라엘이 '제사장 나라와 거룩한 백성'이 되기 위한 수단으로 율법이라는 커다란 선물을 부여하신 것이다."(출 19:6)라고 했다.[18] 십계명은 율법의 핵심이다. 십계명 제1-4계명은 신명기 쉐마(שמה 들으라)로 요약할 수 있다.

> "이스라엘아 들으라 우리 하나님 여호와는 오직 유일한 여호와이시니 너는 마음을 다하고 뜻을 다하고 힘을 다하여 네 하나님 여호와를 사랑하라"(신 6:4-5).

복음서에서 한 율법사가 예수님을 시험(test)하기 위해 질문했다. "율법 중에서 어느 계명이 크니이까?"(마 22:36). 예수님은 주저 없이 말씀하셨다.

> "네 마음을 다하고 목숨을 다하고 뜻을 다하여 주 너의 하나님을 사랑하라하셨으니 이것이 크고 첫째 되는 계명이요 둘째도 그와 같으니 네 이웃을 네 자신 같이 사랑하라 하셨으니 이 두 계명이 온 율법과 선지자의 강령이니라"(마 22:37-40)

예수님은 십계명 제1-4계명을 수직적 차원의 첫 계명으로 신 6:5

---

18) 제임스 L. 쿠걸, 『하버드대 유대인 학자가 쓴 구약성경 개론』 김구원 · 강신일 공역, (서울: CLC, 2011), p. 390.

장으로 "마음과 목숨과 뜻을 다해 주 너의 하나님을 사랑하라"고 요약하셨다(마 22:37). 십계명 5-10계명을 이웃에 대한 수평적 차원으로 레위기 19:18절을 인용해 "네 이웃을 사랑하기를 네 자신과 같이 사랑하라"로 요약하셨다(마 22:39). 더 나아가 "새 계명을 너희에게 주노니 서로 사랑하라 내가 너희를 사랑한 것 같이 너희도 서로 사랑하라"고 말씀하셨다(요 13:34). 예수님은 자신이 먼저 새 계명(new command)을 실천하셨다(롬 5:8).

> "내 계명은 곧 내가 너희를 사랑한 것 같이 너희도 서로 사랑하라 하는 이것이니라 사람이 친구를 위하여 자기 목숨을 버리면 이보다 더 큰 사랑이 없나니 너희가 내가 명하는 대로 행하면 곧 나의 친구라"(요 15:12-14)

> "그는 근본 하나님의 본체시나 하나님과 동등됨을 취할 것으로 여기지 아니하시고 오히려 자기를 비워 종의 형체를 가지사 사람들과 같이 되셨고 사람의 모양으로 나타나사 자기를 낮추시고 죽기까지 복종하셨으니 곧 십자가에 죽으심이라"(빌 2:6-8)

예수님의 공생애는 온전히 십계명을 지키는 삶이었다. 하나님만을 사랑하고 섬겼으며 이웃 사랑을 실천하셨다. 십자가의 대속(代贖)의 죽음은 "원수를 사랑하며 박해하는 자를 위해 기도하라"는 말씀의 실천이었다(마 5:44).

## | 여호와의 자기소개 |

"나는 너를 애굽 땅, 종 되었던 집에서 인도하여 낸 네 하나님 여호
와니라"(출 20:2; 신 5:6).

십계명 서문에서 하나님은 이스라엘을 이집트의 종살이로부터 구
원하셨고 자신이 구속자 하나님이라 밝히신다. 하나님은 이스라엘에
게 자신의 뜻을 알릴 권세를 가지고 있다고 선포하셨다. 이스라엘은
계명들을 행함으로써 하나님의 백성이 되는 것이 아니다. 오히려 이
스라엘은 하나님께 선택받아 구속되었기 때문에 하나님의 은혜에 대
한 응답으로 하나님의 율법을 받은 것이다.[19) 십계명 서문은 크게 세
가지 의미를 가진다.


### 여호와는 언약의 주이며 언약의 성취자이다

하나님은 창세기에서 창조언약(창 1:26-28), 노아언약/무지개 언약
(창 9:8-17), 아브라함 언약(창 15, 17장)을 베푸셨다. 십계명 서문은 아
브라함 언약과 밀접한 연관성을 가진다. 왜냐하면 출애굽은 아브라
함 언약의 성취이기 때문이다. 출애굽은 갑작스럽게 이루어진 사건
이 아니다. 하나님은 출애굽하기 약 600년 전 이미 아브라함에게 언
약을 베푸셨고 야곱과 요셉도 하나님의 언약을 기대했다. 아브라함

---

19) 브레바드 S. 차일즈, 『구약신학』 박문재 역, (서울: 크리스챤다이제스트, 1998), pp. 79-80.

의 언약의 성취가 입(入)애굽과 출(出)애굽 사건이었다.

### · 아브라함

출애굽은 아브라함 언약 때문에 이루어졌다. 무자(無子)했던 아브라함은 다메섹 사람 엘리에셀을 상속자로 삼으려 했다(창 15:2). 그러나 하나님은 "네 몸에서 날 자가 네 상속자가 되리라 … 하늘을 우러러 뭇별을 셀 수 있나 보라…네 자손이 이와 같으리라"고 말씀하셨다(창 15:4-5). 아브라함은 여호와를 믿었고 하나님은 이를 "그의 의(義)"로 여기셨다(창 15:6). 하나님은 십계명의 자기소개처럼(출 20:2; 신 5:6) "나는 이 땅을 네게 주어 소유를 삼게 하려고 너를 갈대아인의 우르에서 이끌어 낸 여호와"라 말씀하셨다(창 15:7). 아브라함은 "주 여호와여 내가 이 땅을 소유로 받을 것을 무엇으로 알리이까"(창 15:8)를 물었고 하나님은 "나를 위하여" 제물을 반으로 쪼개서 바칠 것을 명하셨다(창 15:9-10). 하나님은 어두운 밤에 아브라함에게 찾아오셔서 언약을 베푸셨다.

> "13. 여호와께서 아브람에게 이르시되 너는 반드시 알라 네 자손이 이 방에서 객이 되어 그들을 섬기겠고 그들은 사백 년 동안 네 자손을 괴롭히리니 14. 그들이 섬기는 나라를 내가 징벌할지며 그 후에 네 자손이 큰 재물을 이끌고 나오리라 15. 너는 장수하다가 평안히 조상에게로 돌아가 장사될 것이요 16. 네 자손은 사대 만에 이 땅에 돌아오리니 이는 아모리 족속의 죄악이 아직 가득 차지 아니함이니라"(창 15:13-16)

하나님은 어둠 속에서 횃불로 나타나 쪼갠 고기 사이로 지나가셨다 (창 15:17). 하나님은 이러한 행위로 언약을 확증하셨다. 하나님의 언약은 역사 속에서 모두 성취되었다. 첫째, "이방에서 객이 될 것"은 야곱과 그의 가족 70명이 하나님께서 영원히 주실 약속의 땅을 떠나 잠시 살 이집트에 들어가면서 성취되었다(창 47:1; 출 1:1-5). 둘째, "그들을 섬길 것"은 이집트 왕조 아래 살았기 때문에 야곱과 그 후손들은 바로와 이집트를 섬기며 살게 되었다. 더욱이 요셉을 알지 못하는 새 왕(아마도 제18왕조)은 이스라엘 족속들에게 국고성 라암셋(Rameses)과 비돔(Pithom)을 건축하는 노예로 전락시켰다. 이스라엘은 흙 이기기, 벽돌 굽기 그 외에 여러 가지 농사일 때문에 고된 노동으로 고통을 당했다(출 1:8-14). 셋째, "그들을 400년 동안 섬길 것"은 출애굽할 때 이스라엘 족속이 이집트에 거한지 430년이었다(출 12:40-41). 넷째, 여호와께서 그 나라를 징벌할 것은 출애굽 때 열 가지 재앙으로 바로와 신하들, 그들이 섬기는 신들을 심판하셨다(출 7:14-12:30). 다섯째, "네 자손이 큰 재물을 이끌고 나오리라"는 말씀은 출애굽 때 이스라엘 족속들은 이집트 사람들에게 은금(銀金)과 패물, 의복을 받아 가지고 나오므로 성취되었다(출 12:35-36). 여섯째, 아브라함은 "너는 장수하다가 평안히 조상에게로 돌아가 장사될 것"이라는 언약을 들을 뒤 질병 없이 늙고, 기운이 다하여 175세까지 살다가 죽어 막벨라 굴에 장사되므로 온전히 성취되었다(창 25:7-9).

그뿐만 아니라 엘리에셀이 아브라함의 상속자가 아니라 "네 몸에서 날 자가 네 상속자가 되리라"는 약속은 사라가 이삭을 낳음으로 성취되었다(창 21:3). 아브라함의 자손들이 하늘의 뭇별과 같이 많게 하시겠다는 약속은 출애굽 때 "여호와의 군대"(출 12:41)로 장정만 60만 명 (출 12:37) 가량의 인구가 되었다. 하나님은 가나안 땅을 아브라함에게 주어 소유를 삼게 하시기 위해 갈대아인의 우르에서 이끌어 내셨고(창 15:7) 이집트에서 이끌어 내셔서 약속의 땅 가나안에 들어가도록 하셨다. 여호수아서는 아브라함 언약의 성취를 보여 주는 책이다.

· 야곱

하나님은 야곱에게도 언약하셨다. 야곱은 잃어버렸던 아들이 이집트의 총리가 되었다는 사실을 알게 되었다. 요셉은 형제들에게 흉년이 아직 5년이 더 남았음을 말하며 이집트 고센 땅에 내려와 살면 아버지를 봉양하고 형제들을 보살필 것이라고 약속했다(창 45:10-11). 바로 왕도 야곱과 가족에게 이집트의 좋은 땅을 줄 것을 약속했다(창 45:17-20). 야곱은 약속의 땅 가나안을 떠나온 가족과 소유를 이끌고 이집트로 향했다. 그러나 야곱의 마음은 혼란스럽고 두려웠다. 하나님을 불신하는 것 아닌가? 하나님보다 요셉과 바로의 말을 더 믿는 것이 아닌가? 기근 때문에 약속의 땅을 떠나면 다시 돌아올 수 있을까? 야곱은 브엘세바에 도착해 하나님께 희생제사를 드렸다. 하나님은 두려워하는 야곱에게 이상(vision)으로 말씀하셨다.

> "3.하나님이 이르시되 나는 하나님이라 네 아버지의 하나님이니 애굽으로 내려가기를 두려워하지 말라 내가 거기서 너로 큰 민족을 이루게 하리라 4.내가 너와 함께 애굽으로 내려가겠고 반드시 너를 인

도하여 다시 올라올 것이며 요셉이 그의 손으로 네 눈을 감기리라 하
셨더라"(창 46:3-4)

하나님은 "애굽으로 내려가기를 두려워하지 말라"고 말씀하셨다.
왜냐하면 "내가 거기서 너로 큰 민족을 이루게 하리라 내가 너와 함
께 애굽으로 내려가겠고 반드시 너를 인도하여 다시 올라올 것"이기
때문이다. 야곱에게 이집트는 하나님의 계획하신 길이었다. 그리고
큰 민족과 약속의 땅의 약속은 반드시 성취될 것이다. 야곱은 이집트
로 내려가는 발걸음이 가벼워졌다. 이집트는 잠시 머물 땅이지 영원
한 고향은 아니었다. 야곱에게 영원한 고향은 오직 약속의 땅 가나안
이었다. 야곱은 죽을 때까지 하나님의 약속을 신실하게 믿었다.

야곱은 130세에 이집트에 들어가 그곳에서 17년을 거주하다가 147
세에 죽었다. 야곱은 죽기 전, 요셉에게 "너는 나를 애굽에서 메어다
가 조상의 묘지에 장사하라"고 간곡히 부탁했다(창 47:29-30). 요셉은
아버지의 유언대로 아브라함과 이삭이 장사된 헤브론 막벨라 굴에
장사했다(창 49:29-32; 50:13). 언약은 하나님께서 계획하신 때에 반드
시 성취된다.


· **요셉**

요셉도 아브라함과 이삭과 야곱에게 가나안 땅을 주신 하나님의 약
속을 믿었다. 죽음을 앞둔 요셉은 이스라엘 자손들에게 "하나님이 반
드시 당신들을 돌보시리니 당신들은 여기서 내 해골을 메고 올라가

겠다 하라"고 유언했다(창 50:25). 모세는 출애굽 할 때 요셉의 유언대로 그의 유골을 가지고 나왔다(출 13:19). 요셉의 뼈는 그의 아들 에브라임 지파의 땅 세겜에 장사되었다. 요셉의 유언, 그의 믿음은 성취되었다(수 24:30-32).

· **모세**

요셉이 이집트 총리였을 때, 야곱과 그의 가족들은 고센 땅에 정착했다. 요셉은 그들에게 국가적인 지원과 보호, 그리고 안전한 생활을 보장했다. 그러나 요셉을 알지 못하는 새 왕의 등장은 이스라엘의 삶을 완전히 바꾸어 버렸다(출 1:8). 새로운 이집트 왕은 아마 제2중간 시대의 힉소스 바로(Pharaoh) 중 하나였을 것이다. 성경과 고고학적 증거로 **첫째**, "새 왕이 일어나서 애굽을 다스리더니"로 번역된 히브리어 구절이 "새 왕이 일어나서 애굽을 대적하더니"로 번역하는 것이 더 적절하다고 보는 데 있다. 왜냐하면 구약성경의 다른 구절에서 전치사 '알'(עַל)은 종종 평화가 아닌 무력을 통해 왕위찬탈을 할 경우에 쓰이기 때문이다. 그래서 이집트 본토 통치자들보다 힉소스 왕조(Hyksos 약 B.C. 1667-1570)에게 잘 어울린다.

**둘째**, 이집트 왕이 히브리인들을 노예로 삼는 이유가 "이스라엘 자손이 우리보다 많고 강하도다 … 두렵건대 그들이 더 많게 되면 전쟁이 일어날 때에 우리 대적과 합하여 우리와 싸우고 이 땅에서 나갈까 하노라"였다(출 1:10-11). 아시아인으로 이집트 왕조를 정복하여 통치한 소수의 힉소스인들보다 히브리인들이 더 많았을 가능성이 크다.

더욱이 고고학적 측면에서 히브리인들이 힉소스 시대에 있었던 나일 삼각주의 도시 람세스를 건축했다는 것은 더욱 그 사실을 증명한다.[20] 이러한 새 왕조는 이스라엘 족속들을 핍박했으며 자유를 빼앗고 노예로 만들었다. 이스라엘은 국고성 비돔과 라암셋의 건축과(출 1:8-11) 흙 이기기, 벽돌 굽기와 여러 농사를 지어야 하는 고된 노동에 시달렸다(출 1:14). 더욱이 바로는 이스라엘의 급속한 인구 증가에 경계심을 가졌다. "전쟁이 일어날 때에 우리 대적과 합하여 우리와 싸우고 이 땅에서 나갈까" 걱정했던 바로는(출 1:10) 산파에게 남자가 태어나면 죽이도록 명령했다(출 1:16).

이집트에 들어 온 지 400년, 드디어 이스라엘은 고통 중에 여호와께 부르짖었다. 하나님은 이스라엘의 고통 소리를 들으셨다(출 2:23). 하나님은 아브라함과 이삭과 야곱에게 세운 언약을 기억하시고 이스라엘 자손을 돌보셨다(출 2:24-25). 하나님은 아브라함의 언약을 이루시기 위해 호렙산에서 모세를 만나 이스라엘을 이끌 계획을 말씀하셨다(출 3:1-10). 하나님은 모세를 출애굽의 지도자로 세웠다. 하나님께서 종 되었던 이집트 땅에서 이스라엘을 이끌어 내실 때 아브라함의 언약이 성취되었다(출 12:40-41).

**여호와는 왕과 군대 대장이며 이스라엘은 여호와의 군대이다**

하나님께서 아브라함에게 창 15:13-15절을 언약한 이유가 무엇일

---

20) 찰스 F. 에일링, 『이집트와 성경 역사』 신득일·김백석 공역, (서울: CLC, 2010), p. 84.

까? 창 15:16절은 그 이유를 설명한다. "네 자손은 사대 만에 이 땅으로 돌아오리니 이는 아모리 족속의 죄악이 아직 가득 차지 아니함이니라"(창 15:16). 아브라함의 후손들이 이집트에 들어가 400년 동안 살다가 출애굽을 해야 할 이유는 아모리 족속의 죄악이 아직 가득 차지 않았기 때문이었다. 하나님은 아모리 족속의 죄악이 가득 찰 때 그들을 멸하실 것이다. 하나님은 이스라엘을 군대 삼아 가나안 땅 족속들과 아모리 족속을 물리치실 것이다.

출애굽 할 때 이스라엘은 "여호와의 군대"였다(출 12:41). 그렇다면 이스라엘 민족이 강력한 군사훈련을 받고 막강한 군사력을 소유했을까? 아니다. 이스라엘 족속들이 여호와의 군대인 이유는 여호와께서 그들의 군대 대장이며(수 5:14), 전쟁은 하나님께 속해 있다는 사실 때문이다(삼상 17:47). 오직 여호와 하나님께서 이끄시는 군대라는 의미이다.

가나안 땅 족속들은 많은 인구와 강력한 군사력을 소유했다. 해양민족(sea people)으로 알려진 블레셋은 이스라엘이 가나안을 입성할 때 이미 초기 철기 문화를 가진 민족이었다. 이집트는 후기 청동기 시대였으므로 이스라엘이 이집트에서 나올 때 청동 무기들밖에 없었다. 더욱이 무기를 가진 사람은 일부였다. 여호수아가 이스라엘을 이끌고 가나안 땅에 입성한 지 약 350년이 지난 초대 사울 왕 시대 상황을 기록한다.

"19.그때에 이스라엘 온 땅에 철공이 없었으니 이는 블레셋 사람들이 말하기를 히브리 사람이 칼이나 창을 만들까 두렵다 하였음이라 20.온 이스라엘 사람들이 각기 보습이나 삽이나 도끼나 괭이를 벼리려면 블레셋 사람들에게로 내려갔었는데 21.곧 그들이 괭이나 삽이

나 쇠스랑이나 도끼나 쇠채찍이 무딜 때에 그리하였으므로 22.싸우
는 날에 사울과 요나단과 함께 한 백성의 손에는 칼이나 창이 없고
오직 사울과 그의 아들 요나단에게만 있었더라"(삼상 13:19-22)

블레셋 사람들은 이스라엘 사람들이 철기 칼과 창을 만드는 것을
두려워했다. 이스라엘은 철제 농기구들조차도 다룰 장인이 없어 블
레셋 사람들에게 내려가 벼리고(sharpened) 왔다. 만일 블레셋 입장에
서 이스라엘 사람들이 철기를 사용하고, 다룰 수 있는 대장장이들이
생긴다면 무기, 군사력의 우위는 상실한다. 같은 철 무기를 사용하
는 동등한 족속들이 되는 것이다. 철기를 다루는 강력한 블레셋 때문
에 여호수아와 이스라엘이 가나안 정착 한 약 400년 뒤인 다윗 왕 때
이르러서 블레셋을 정복할 수 있었다. 사울과 요나단 외에는 이스라
엘 백성들에게는 철로 만든 칼과 창이 없었다(삼상 1:22).

이스라엘은 훈련받은 군인들이 아니었다. 하지만 하나님은 이스라
엘을 "여호와의 군대"로 삼으셨다. 하나님은 이스라엘의 왕이요.[21]
전쟁에서 여호와의 군대인 이스라엘을 이끄시는 군대대장이셨다.[22]

---

21) 이스라엘 백성들이 사무엘에게 "왕"을 세워 달라 요청했을 때 여호와 하나님은 이스라엘의
요구가 "왕이신 하나님"을 버린 행위라고 말씀하셨다. "우리에게 왕을 주어 우리를 다스리게
하라 했을 때에 사무엘이 그것을 기뻐하지 아니하여 여호와께 기도하매 여호와께서 사무엘에
게 이르시되 백성이 네게 한 말을 다 들으라 이는 그들이 너를 버림이 아니요 나를 버려 자기들
의 왕이 되지 못하게 함이니라"(삼상 8:6-7)
22) 다윗은 블레셋 장수 골리앗과 싸울 때 고백했다. "또 여호와의 구원하심이 칼과 창에 있지
아니함을 이 무리에게 알게 하리라 전쟁은 여호와께 속한 것인즉 그가 너희를 우리 손에 넘기
시리라"(삼상 17:47).

그래서 하나님은 열 가지 재앙으로 바로와 이집트의 신들에게 벌을 내리셔서 이스라엘 백성들을 출애굽 시키셨다(출 12:12; 민 33:4). 시내 산 르비딤에서 아말렉에게 승리를 주신 분은 하나님이시다(출 17:8-16). 하나님은 모세에게 아말렉 전투 승리를 책에 기록하라 명령하셨고, 모세는 제단을 쌓고 이름을 "여호와 닛시"(여호와께서 맹세하시기를 여호와가 아말렉과 더불어 대대로 싸우리라 하셨다)라고 했다(출 17:15-16). 하나님은 목자시기 때문에(시 23:1) 이스라엘 백성들을 광야에서 40년 동안 불과 구름 기둥으로 인도하셨고(출 13:21), 만나와 메추라기를 먹이셨다(출 16:13, 31; 16:35). 요단 동편 모압과 암몬 족속들과 싸움에서 승리케 하셨고, 군대 대장으로 오셔서(수 5:14-15) 강력한 성 여리고를 정복케 하셨다(수 6:20).

## 여호와는 이스라엘의 구원자

하나님은 십계명 서문에서 "나는 너를 애굽 땅, 종 되었던 집에서 인도하여 낸 네 하나님 여호와니라"고 소개했다(출 20:2; 신 5:6). '구원의 주', '구원자'라는 의미이다. 창세기 15장에서 아브라함에게 맹세하신 대로 야곱과 그 가족은 이집트로 들어가 430년 동안 거주했다. 하나님의 약속대로 모세를 지도자로 세우고, 열 가지 재앙으로 바로와 이집트의 신들을 심판하고 이스라엘을 출애굽 시켰다.

출애굽은 해방이며, 구원이다. 하나님은 유월절을 구원의 날로 제정하셨다(출 12:1-14). 유월절은 장자가 죽음을 면하고 생명을 얻는 날이다. 구원의 날이다. 이집트의 종에서 해방한 날이 유월절이다. 출애굽은 하나님의 구원이다. 이스라엘은 이제 바로가 그들의 왕이 아니라 이집트에서 인도하신 여호와께서 참되신 왕이며, 이집트의 거짓 신들이 아니라 살아 계시고, 참되신 여호와 하나님께서 이스라엘의 하나님이 되셨다.

> "나는 너희의 하나님이 되려고 너희를 애굽 땅에서 인도하여 낸 여호와라 내가 거룩하니 너희도 거룩할지어다"(레 11:45; 22:33)

> "나는 여호와 너희 하나님이라 나는 너희의 하나님이 되려고 너희를 애굽 땅에서 인도해 내었느니라 나는 여호와 너희의 하나님이니라"(민 15:15)

신약에서 유월절은 예수 그리스도의 십자가의 죽음으로 이어진다. 예수님은 "세상 죄를 지고 가는 하나님의 어린 양"으로 오셨다(요 1:29). 예수님은 "인자가 세상에서 죄를 사하는 권능이 있는 줄을 너희로 알게 하려 하노라"고 말씀하셨다(마 9:6). 예수님은 "무교절의 첫날 곧 유월절 양 잡는 날에"(막 14:12) 제자들과 함께 유월절 음식을 함께 나누며 떡을 가지고 축사하시며 "받으라 이것은 내 몸이니라"고 말씀하셨다(막 14:22). 그리고 잔을 가지사 감사기도 하시고 제자들에게 주며 "이것은 많은 사람을 위하여 흘리는 나의 피 곧 언약의 피니라"고 말씀하셨다(막 14:23-24).

출애굽 전날, 하나님은 이스라엘 백성들에게 어린 양을 잡아 피를 문의 좌우 문설주와 인방에 바르고, 그 고기를 구워 먹으라고 말씀하셨다. 그를 통해 이스라엘은 죽음을 면했고, 종 되었던 애굽에서 해방되어 구원받았다. 하나님의 아들 예수 그리스도께서 온 인류의 죄, 죄인들을 구원하시기 위해 십자가에 죽으셨다. 유월절 양 잡는 날에 자신의 살과 피를 제자들에게 주셨다. 사도 바울은 "유월절 양 곧 그리스도께서 희생되셨느니라"고 정의했다(고전 5:7).

## | 다른 신을 네게 두지 말라 |

출애굽은 살아 계시는 신(神)은 오직 여호와이심을 증명해 주는 역사적 사건이었다. 처음 아홉 재앙들은 다소 자연적 성격을 지니며 순차적이었다. 성경은 이집트인들이 재앙에 어떻게 영향을 받았는지에 대해서는 큰 언급이 없다. 그러나 이집트인들에게 바로가 아니라 여호와 하나님께서 온 세상과 자연을 지배하신다는 사실을 알리기에 충분했다. 재앙들은 이집트의 바로와 신하들, 이집트의 신들에 대한 심판이다(출 12:12). 열 가지 재앙은 이집트 신들 일반에 대한 공격보다 특정한 신들로 제한된다. 모세의 지팡이가 뱀으로 변한 후 이집트 마술사들의 지팡이가 뱀으로 변한 것을 집어삼킨 것은 뱀이 이집트의 권력의 중요한 상징이며 바로의 관 위에 뱀의 상징인 우라이우스(Uraeus)가 있다는 사실을 통해 알 수 있다.[23]

---

23) 이안 프로반·V. 필립스 롱·트롱퍼 롱맨 3세, 『이스라엘의 성경적 역사』 김구원 역, (서울: CLC, 2013), p. 266.

첫째, 피(blood) 재앙은 나일강과 관련된 신(神)들과 관계가 있다. 피 재앙은 이집트인들이 나일강을 신격화한 하피(Hapi),[24] 나일강의 수호신이며 헤켓의 남편으로 진흙으로 사람을 만드는 신 크눔(Khnum),[25] 혈류(血流)가 나일강인 오시리스(Osiris)에 대한 심판이었다.[26] 나일강과 호수가 피로 변한 것은 피가 신들을 더럽혔으며 모욕했다는 것을 의미한다.[27]

둘째, 개구리(frogs) 재앙은 다산의 상징으로 개구리 머리를 한 헤켓(Heqet/Heqt)에 대한 심판이었다. 출 8:3에 개구리들이 침실에 가득했다는 것은 헤켓의 역할에 정반대 결과였다.

셋째, 이(gnats) 재앙에서 하나님의 주권을 더욱 보여 준다. '티끌'이 무수히 많은 것은 땅의 티끌(흙)로 사람을 지으신 것을 상기시킨다(창 2:7). 바로의 술객들은 "이는 하나님의 권능"이라고 고백했다(출 8:19). 하나님의 창조적 능력을 인정한 것이다.[28]

넷째, 파리(fly) 재앙은 쇠똥구리 케푸리(Khepri)를 심판한 것이다. 쇠똥구리는 쇠똥을 땅에 묻어 파리들이 쇠똥에 알을 낳고, 구더기로 자라 파리가 되는 것을 막았다. 파리 재앙은 쇠똥구리 신인 케푸리 역할의 실패를 의미했다.[29]

---

24) U. Cassuto, *A Commentary on the Book of Exodus*, (Jerusalem: the Magnes Press, 1997), p. 97.

25) U. Cassuto, *Ibid.*, p. 101.

26) 알프레드 J. 히트, *Ibid.*, p. 221.

27) 허버트 M. 울프, 『오경개론』 엄성옥 역, (서울: 은성, 2012), p. 199.

28) 허버트 M. 울프, *Ibid.*, p. 200.

29) 한민수, 『하나님의 구원역사 창세기』 (서울: 그리심, 2011), p. 26.

**다섯째**, 가축의 돌림병(plague) 재앙은 신성한 황소 신 아피스(Apis), 여신 하토르(Hathor)이다.

**여섯째**, 악성 종기(festering boils) 재앙은 치료의 신 헤카(Heka)이다.

**일곱째**, 우박(hailstorm) 재앙은 이집트인들에게 두려운 자연 재앙이었다. 상부 이집트에는 비가 거의 내리지 않는다. 더욱이 우박을 동반한 폭풍이 부는 일은 거의 없다. 이 폭풍의 영향은 이집트인들에게 두려움을 한층 더했을 것이다. 폭풍도 여호와의 강력한 메시지였다. 시내산에서 십계명을 주실 때 하나님은 천둥과 번개를 통해서 이스라엘에게 말씀하셨다(출 19:16).

**여덟째**, 메뚜기(locusts) 재앙은 곡식들과 관련된 공기의 신 슈(Shu)와 습기, 이슬, 세계의 여신 테프눗(Tefnut)이다.

**아홉째**, 흑암(darkness)의 재앙은 태양 신 라(Ra), 아툼(Atum), 호루스(Horus)의 심판이었다. 이들 모두가 태양신들로 생각되었다.[30]

**열 번째**, 장자(firstborn son)의 죽음 앞에 바로의 장자조차 죽음의 재앙을 피하지 못했다. 바로가 이스라엘을 석방하기를 거부했으므로 바로의 장자가 죽게 된다(출 4:24). 고대 근동 지방에서 맏아들은 유산을 두 배로 받는 것을 포함하여 여러 특권을 누렸다. 그러므로 장자의 죽음은 "법적으로나 정신적으로 가문을 무력하게 할" 비극이었다.[31] 이집트인들에게 바로는 생명을 주는 오시리스(Osiris), 태양의 화신(Incarnation)으로 믿었다. 바로의 임무는 신들의 은총을 유지하고

---

30) 알프레드 J. 히트, *Ibid.*, p. 221.

31) 허버트 M. 울프, *Ibid.*, p. 203.

질서의 여신 마트(Ma'at)의 법을 집행하는 것이다.32) 그러나 바로는 이집트뿐 아니라 자신의 장자의 생명조차 지키지 못한 나약한 인간이었다. 하나님께서 내리신 열 가지 재앙은 모두 자연과 관련된 신들에 대한 심판이었다. 자연의 주관자들인 이집트의 신들과 바로는 하나님의 심판 앞에 아무 역할도 못했으며 무능한 우상에 불과했다는 사실이 밝혀졌다.

오직 자연의 창조주요. 주관자는 여호와뿐이다. 출애굽과 열 가지 재앙은 하나님은 오직 여호와뿐임을 보여 주었다. 그래서 하나님께서 이스라엘에게 "너는 나 외에는 다른 신들을 네게 두지 말라"(출 20:3)고 당당하게 명령한 것이다. 이러한 "금지의 의도는 이스라엘이 실재하거나 상상의 존재이거나 모든 다른 신에 반대하여 여호와께만 나뉘지 않는 충성을 드려야 될 것을 확인하려는"33) 것이다. 이제 출애굽을 통해 경험한 참되고 유일하신 여호와만이 이스라엘 사람들의 마음속에 두어야 한다.

---

32) 한민수, *Ibid.*, p. 29.

33) 유진 H. 메릴, *Ibid.*, p. 449.

## | 여호와 외에 다른 신들은 없다 |

하나님은 항상 "나 외에 다른 신이 없기" 때문에(신 4:35; 사 45:5, 18) "나 외에는 다른 신들을 네게 두지 말라"고 명령하셨다(출 20:3). 다른 신들을 섬기지 말아야 할 이유이다. 하나님은 영이기 때문에 눈에 보이지 않으며, 어떤 형상으로도 만들 수 없다. 반면에 우상은 만들어진 것34)이기 때문에 눈에 보이는 형상이 있다. 제1계명은 다른 민족에게 신이 없다는 교리를 전하는 것이 아니다. 하나님은 타 지역의 신들의 존재를 편견 없이 그대로 인정하셨다. 바울도 "비록 하늘에나 땅에나 신이라 불리는 자가 있어 많은 신과 많은 주가 있으나"라고 말했다(고전 8:5).35) 그러나 다른 신들을 인정한다는 말은 그 신이 실제로 존재하기 때문에 인정한다는 의미가 아니다. 다른 표현으로 한다면 그 신들이 존재한다고 믿고 있는 사람들이 있다는 의미이다.

그렇다면 이스라엘은 출애굽으로 구원하시고, 인도해 주신 여호와 하나님 외에도 다른 신들을 그들 가운데 둘 수 있었을까? 성경은 그렇다고 답한다. 역사적으로 이스라엘은 거짓 신들인 가나안의 신들에게 수없이 유혹을 받았고, 우상숭배를 행해 왔다. "이스라엘 민족에게는 난잡한 자연신인 가나안의 신 바알들이 있었다. 이 신들에 대한 예배는 고고학과 성경 호세아 4장 11-14절에서 알 수 있듯이 진

---

34) Eugene H. Merril, *The New American Commentary vol 4. Deutronmy*, (Nashville, Tenneesee: Broadman & Holman Publishers, 1994), p. 147.

35) 발터 침멀리, 『구약신학』 김정준 역, (서울: 한국신학연구소, 1999), p. 187.

탕 먹고 마시고, 종교의식으로 매춘"36)이 행해졌다. 이스라엘에게 가나안의 신들뿐 아니라 종교의식은 성적 쾌락과 물질적 풍요, 다산을 가져다 준다는 헛된 믿음을 주었다. 지금 우리들에게는 가나안의 바알, 아세라는 없다. 그러나 아직도 거짓 신들은 우리들에게 하나님 행세를 하고 있다.

"마틴 루터는 신을 '네 마음이 집착하고 의탁하는 것'으로 정의했다. 가나안 족속들과 이방의 신들은 자연의 어느 한 국면에 대해 힘을 갖고 있는 존재였다. 고대 근동 지방에서 생존은 자연의 힘에 달려 있기 때문이다. 루터는 '사람이 사랑하는 것은 무엇이든, 그것이 그의 신이다. 그가 어디를 가든 그 신은 그의 마음속에 있다. 그는 밤낮 그 신과 함께 다닌다. 그것이 무엇이든지 간에 그는 그 신과 함께 잠을 자고 깨어난다.' 칼빈도 '우리는 누구나 무수한 수의 우상들을 만들어 낸다.'고 지적했다."37)

"하나님보다 더 중요한 것, 당신의 마음과 공상의 세계를 하나님보다 더 많이 차지하는 것, 하나님만이 줄 수 있는 것을 주려고 하는 것, 그것이 바로 우상이다"38)

36) 제임스 패커, 『제임스 패커의 기독교 기본 진리 십계명』 김진웅 역, (서울: 아바서원, 2013), p. 44.
37) 브루스 월트키, 『구약신학』 김귀탁 역, (서울: 부흥과개혁사, 2012), p. 486.
38) 티머시 켈러, *Ibid.*, p. 25.

하나님은 자기 백성 된 이스라엘에게 독점권을 행사하신다. 다른 신들은 절대 이스라엘에게 권리를 주장할 수 없다는 유일신론(monotheism)은 이론적 술어가 아니라 실존적인 요구이다.[39] 이스라엘은 오직 여호와만을 섬기며, 다른 신들에게 절하지 말아야 한다. 왜냐하면 하나님은 "질투하는 하나님"이기 때문이다. 질투는 '사랑하는 존재'에 대해 일어나는 감정이다. "하나님의 질투는 아내가 자신만을 사랑하기 바라는 남편의 질투와 같은 것이다."[40] 하나님은 이스라엘을 사랑하시기 때문에 거짓 우상을 섬기는 것을 원치 않으셨다. 그래서 시인은 "하늘에서는 주 외에 누가 내게 있으리요 땅에서는 주 밖에 내가 사모할 이 없나이다"라고 고백했다(시 73:25).

여호와 외에 다른 신들은 모두 우상에 불과하다. 우상은 인간이 만든 것으로 죽었고, 능력이 없다. 우상은 제물을 먹을 수도 없으며 제의(祭儀)를 받지도 못한다. 그래서 하나님은 "여호와 외에 다른 신에게 제사를 드리는 자는 멸하실 것"이라 말씀하셨다(출 22:20). 제사는 오직 살아 계시는 여호와 하나님만이 받으실 수 있는 예배고, 영광인 것이다. 그래서 하나님은 인류 최초로 아벨과 그의 제물을 받으셨고(창 4:4), 아라랏 산에 머문 노아가 제단을 쌓아 드린 번제의 향기를 받으셨고(창 8:20-21), 세겜에 도착한 아브라함의 제단을 받으셨다(창 12:7).

---

39) 브레바드 S. 차일즈, *Ibid.*, p. 80.
40) 제임스 패커, *Ibid.*, p. 41.

## | 너를 위해 아무 형상도 만들지 말라 |

하나님은 "너를 위하여 새긴 우상"(출 20:3; 신 5:7)이라고 정의하셨다. 하나님은 "너를 위해"를 강조하셨다. 인간은 자기 자신의 유익을 위해 우상을 만든다는 의미이다. 인간 중심에서 자기 취향대로 하나님을 섬겨서는 안 된다는 것을 강조한다.[41] 우상숭배는 '수단을 목적으로 만드는 것'을 의미하며 인간은 자신에게 주어질 무엇인가를 바라며 우상을 만들고 숭배한다. 그래서 사물을 '인격을 가진 대상'으로 둔갑시키는 것이다.[42] "새긴 우상"으로 번역된 히브리어 '페셀'(פֶּסֶל)은 인간이 신으로 섬기려고 나무나 돌에 새겨 만든 그림을 가리키며, 나중에 쇠를 녹여 만든 모양을 의미한다.

하나님은 우상의 제조를 자체를 금지하셨다. 종교사적으로 볼 때 신의 형상을 만들지 말라는 것은 매우 특이한 경우였다. 왜냐하면 고대 근동의 그 어느 종교에서도 형상 없는 종교는 있을 수 없었기 때문이다.[43] 고고학자들에 의하면 아직까지 이스라엘 하나님에 대한 어떤 확실한 제의적 상(像)을 발견하지 못했다.[44] 이러한 사실은 여호와의 종교는 형상 없는 종교이며, 십계명의 제2계명이 이스라엘에게 얼마나 중요했는지를 증명해 준다.

반면, 신의 형상은 우상숭배자들에 의해 만들어졌다. 신들의 기능

---

41) 차준희, 『출애굽기 다시보기』(서울: 프리칭 아카데미, 2004), p. 180.

42) 윌리암 바클레이, 『오늘을 위한 십계명』(서울: 컨콜디아사, 1993), p. 18.

43) 차준희, Ibid., p. 178.

44) 제임스 L. 쿠걸, Ibid., p. 400.

은 개인, 가족, 부족, 국가 공동체를 보호해 주고, 복을 주며, 재앙과 화를 면하게 해 주는 기능을 가지고 있다. 인간은 금은동철(金銀銅鐵)과 목석(木石)으로 형상을 만들고 그것을 신(神)이라 부르며 숭배해왔다. 우상들의 특징은 항상 의미를 내포하는 형상(形像)을 가지고 있다. 형상은 애니미즘(animism)과 주물(呪物)을 포함한다. 애니미즘은 정신과 물체를 구별하지 않고 정신은 물체 자체 속에 있다는 것이다. 형상 안에 영적인 능력을 가지고 있고, 주물은 형상을 조작 가능성이 있다는 것을 의미한다. 신의 형상은 고정되고 정적인 형태를 갖고 있기 때문에 숭배자를 섬기도록 조작될 수 있는 것이다. 따라서 새, 짐승, 폭풍, 해, 달과 같은 자연 능력들을 형상 안에 넣을 수 있었다. 형상은 자연의 능력을 가지고 있지만 조정될 수 있는 우상으로 전락된다.[45]

그러나 하나님은 "위로 하늘에 있는 것이나 아래로 땅에 있는 것이나 땅 아래 물속에 있는 것의 어떤 형상도 만들지 말라"고 하셨다(출 20:4; 신 5:8). 왜냐하면 하나님은 형상에 갇혀 조정되는 우상이 아니기 때문이다. 신학자 폰 라드(Von Rad)는 다음과 같이 말했다.

"자신을 알리시는 하나님의 자유는 형상에 의해 침해당하지 않는다. 형상은 역사 속에서 자신의 은폐된 행동을 통해 이스라엘을 끊임없이 불안하게 했던 여호와의 참된 본성을 제대로 다루기에 실패했다."[46]

---

45) 브루스 월트키, *Ibid.*, p. 487.
46) 브레바드 S. 차일즈, *Ibid.*, p. 82. 재인용. 원문은 G. von Rad, *Old Testament Theology*, ET, I, Edinburgh and New York, 1962, 218.

아론과 이스라엘이 송아지 형상을 만들었을 때 하나님은 모세에게 "네 백성이 부패하였도다"라고 말씀하셨다(출 32:7). 마음이 부패한 인간은 끊임없이 형상을 만들기 좋아하고, 그 형상에 신성(神性)을 부여하여 신(神)으로 섬기며, 때로는 신성(神聖)한 존재, 영물(靈物)이라는 의미를 부여한다. 그러나 형상화는 창조주 하나님을 피조물로 전락시키며 인간의 경험 안에 갇히고 만다.[47]

그러나 하나님은 형상화될 수 없다. 왜냐하면 하나님의 자유를 제한하게 되며, 세상 그 어느 것으로도 하나님께서 마땅히 받으셔야 할 영광과 위엄, 하나님의 높으심을 표현할 수 없기 때문이다.[48] 하나님은 무소부재(無所不在)하시며, 전능하시며 자유로우신 분이다. 하나님의 자유가 형상에 속박될 수 없다. 형상화된 우상은 거짓이며, 오직 여호와 하나님만이 우리의 하나님이다.

> "4. 이스라엘아 들으라 우리 하나님 여호와는 오직 유일한 여호와이
> 시니 5. 너는 마음을 다하고 뜻을 다하고 힘을 다하여 네 하나님 여호
> 와를 사랑하라"(신 6:4-5)

우리가 사랑하고 섬길 대상은 오직 유일하신 하나님이다. 하나님은 영(요 4:24)이시기 때문에 시공간에 지배받지 않는 자유로운 분이다. 그래서 하나님은 제한된 형상에 갇혀 있을 수 없다. 하나님과 우

---

47) 차준희, *Ibid.*, p.180.
48) 강영안, 『강영안 교수의 십계명 강의』(서울: IVP, 2010), pp. 97-99.

상의 가장 큰 차이점이다. 우상은 형상에 지배받으며, 형상 없이는 신들은 존재할 수 없다. 그러나 하나님은 형상에 지배되지 않으며 형상이 없어도 언제 어디에서나 존재하신다. 하나님은 호렙산(시내산)의 불타는 떨기나무 가운데서(출 3:2-5), 영광의 불길 가운데서(신 4:12, 15) 말씀하셨지만 형상은 보이지 않으셨다. 시내산을 찾은 엘리야도 하나님의 세미한 소리를 들었지만 형상은 보지 못했다(왕상 19:12). 특별한 경우 하나님은 아브라함에게 사람의 모습으로 찾아오셨지만(창 18:2) 그것은 하나님의 참된 형상이 아니다.


### | 우상에게 절하지도, 섬기지도 말라 |

하나님은 "너를 위하여 새긴 우상"에게 "절하지 말며 그것들을 섬기지 말라"고 명령하셨다(출 20:5; 신 5:5). 절하고, 섬긴다는 것은 예배한다는 것이다. 우상을 섬기며, 절하는 것은 우상이 신(神)이며, 섬기는 자에게 복을 주고, 지켜 주며, 도와준다는 것을 믿는다는 뜻이다. 그러나 사람이 만든 우상은 살아 있는 전능한 신이 아니다. 단지 만들어진 신에 불과할 뿐이다. 이사야 선지자는 이 사실을 잘 지적했다.

"15. 이 나무는 사람이 땔감을 삼는 것이거늘 그가 그것을 가지고 자기 몸을 덥게도 하고 불을 피워 떡을 굽기도 하고 신상을 만들어 경배하며 우상을 만들고 그 앞에 엎드리기도 하는구나 16. 그중의 절반은 불에 사르고 그 절반으로는 고기를 구워 먹고 배불리며 또 몸을 덥게 하여 이르기를 아하 따뜻하다 내가 불을 보았구나 하면서 17.그 나머지로 신상 곧 자기의 우상을 만들고 그 앞에 엎드려 경배하며 그것에게 기도하여 이르기를 너는 나의 신이니 나를 구원하라 하는도다 18.그들이 알지도 못하고 깨닫지도 못함은 그들의 눈이 가려서 보지 못하며 그들의 마음이 어두워져서 깨닫지 못함이니라"(사 44:15-18)

땔감으로 사용되는 나무가 사람에 의해 우상이 된다. 우상의 특징은 스스로 존재하지 못하고 만들어진 형상이다. 인간은 자신들이 만든 우상을 향해 절하며, 경배하고, 기도하며 "이것이 나의 신이니 나를 구원하라"고 외친다. 그것뿐이다. 우상이 살아 있는 신이 아니라 인간이 우상을 살아 있는 존재라고 믿을 뿐이다. 우상숭배자들은 어리석어서 영적인 하나님의 존재를 보지도 못하며 알지도 못한다(사 44:9). 그들은 "알지도 못하고 깨닫지도 못함은 그들의 눈이 가려서 보지 못하며 그들의 마음이 어두워져서 깨닫지" 못한다(사 44:18). 우상숭배자들은 육신의 눈과 귀는 가졌지만 영적인 참된 것을 보지 못하고, 듣지 못한다. 그러나 출애굽과 40년 광야를 통해 나타난 결과는 우상은 거짓이며 오직 참된 하나님은 여호와뿐이라는 사실이다. 그러므로 더 이상 우상을 만들 이유도, 그것들에게 절하며, 섬길 필요도 없는 것이다. 생사화복(生死禍福)의 주관자는 오직 여호와 하나님뿐이다.

## | 우상을 따르지 말라 |

하나님은 "너희는 다른 신들 곧 네 사면에 있는 백성의 신들을 따르지 말라"고 명령하셨다(신 6:14). 다른 신들은 거짓 신들이며 우상이기 때문에 따라야 할 존재들이 아니다. 하나님은 우상을 따르지 말아야 할 이유에 대해 말씀하셨다.

> "너희 중에 계신 너희의 하나님 여호와는 질투하시는 하나님이신즉
> 너희의 하나님 여호와께서 네게 진노하사 너를 지면에서 멸절시키실
> 까 두려워하노라"(신 6:15)

하나님은 우상을 섬기는 자들에게 "질투하는 하나님"으로 표현하셨다. 질투는 사랑이 전제되는 감정이다. 사랑하는 자가 다른 대상을 사랑하면 질투하게 된다. 하나님은 이스라엘을 종 되었던 이집트에서 인도하고, 구원하셨다. 이스라엘 백성이 사랑해야 할 대상은 오직 여호와 하나님뿐이다. 하나님은 "네가 만일 네 하나님 여호와를 잊어버리고 다른 신들을 따라 그들을 섬기며 그들에게 절하면 내가 너희에게 증거하노니 너희가 반드시 멸망할 것이라"고 말씀하셨다(신 8:19). 하나님은 우상을 섬기며, 그것을 사랑할 때 질투하신다. 그리고 진노하시며 지면에서 멸하실 것이라 말씀하셨다.

# 구약 우상의 종 류 들

## - 제5장 -

"너희의 하나님이 되려고 너희를 애굽 땅에서 인도하여 낸 자니
나는 여호와이니라"(레 22:33; 민 15:41).

# † 구약 우상의 종류들 †

| 성경에 언급된 가나안 지역 신들 | | | |
|---|---|---|---|
| 신명(神明) | 땅/지역 | 특징 | 성경의 출처 |
| 바알(Baal) | 가나안 | 젊은 폭풍의 신 | 왕상 16:31; 18:18-46 |
| 아세라(Aschera) 아스다롯(Astarte) | 가나안 | 바알의 배우자, 어미 신, 사랑, 풍요 | 삿 2:13; 3:7; 10:6, 삼상 12:10, 왕상 11:5 |
| 하늘의 여왕 | 가나안 | 아스다롯과 같음 (아낫과 이쉬타르와 비교 가능) | 렘 7:18; 44:17-25 |
| 그모스(Kemosch) | 모압 | 국가적 전쟁의 신 | 민 21:29, 삿 11:24, 왕상 11:7, 33, 렘:48:7 |
| 몰록(Moloch) 말감(Malkam) 밀감(Milkam) | 암몬 | 국가의 신 | 습 1:5, 렘 49:1, 왕상 11:5, 7, 33 |
| 다곤(Dagon) | 블레셋 | 곡물의 국가의 신 | 삿 16:23, 삼상 5:2-7 |
| 성경에 언급된 메소포타미아 지역 | | | |
| 신명(神明) | 땅/지역 | 특징 | 성경의 출처 |
| 마르둑(Marduk) | 바벨론 | 젊은 폭풍의 신 우두머리 신 | 렘 50:2 |
| 벨(Bel) | 바벨론 | 마르둑의 또 다른 이름 | 사 46:1, 렘 50:2; 51:44 |
| 느보(Nebo) | 바벨론 | 마르둑의 아들 | 사 46:1 |
| 담무스(Tammuz) | 수메르 | 젊은 기상의 신 | 겔 8:14 |

〈표-5〉 성경에 나타난 고대 근동의 신들[49]

---

49) 헤르만 만케, 『한 권으로 마스터하는 구약성경』 차준희 역, (서울: 대한기독교서회, 2010), p. 247.

| 송아지 우상 |

고대 근동 세계에서 황소 숭배는 널리 퍼져 있는 대표적인 종교 현상 중에 하나였다. 특별히 메소포타미아와 가나안, 이집트, 에게 해지역에서 황소 숭배는 중요했다. 이후 헬라-로마 시대에는 전 지중해 지역으로 확대되었다. 고대인들이 황소를 신으로 숭배한 이유는 황소의 특징들 때문이다. 황소의 길들여지지 않는 야수성과 무제한의 강한 힘, 강한 성욕과 생산 능력, 왕성한 활동은 풍요를 상징하는 신의 특징으로 여겨졌다. 그래서 고대에 '기후의 신'(소아시아, 시리아-팔레스타인), '달의 신'(바벨론, 앗수르, 남 아라비아)의 상징으로 사용되었다. 이집트에서는 '아피스'가 황소였으며, 후대에는 헬라의 신들과 결합해 '세라피스'(Serapis) 황소 제의가 유행되었다.[50]

황소 형상은 고고학 유물로 가나안 지역에서 자주 발굴되었다. 1978년 도단(Dothan)에서 가까운 사마리아 산악에서 청동 황소 상이 발굴되었고, 이스라엘 왕국 시대와 페르시아 시대의 것으로 추측되는 황소 상들이 아스글론(Ashkelon)과 브엘세바(Beersheba) 등지에서 발굴되었다. 아스글론에서 출토된 은송아지 입상은 성경의 금송아지와는 다르지만, 이스라엘이 가나안 땅에 들어가기 전에 이미 가나안 지역에서 소의 형상을 가진 신들이 숭배되었음을 보여 준다.[51]

---

50) 이희학, 『북이스라엘의 역사와 종교』 (서울: 프리칭아카데미, 2009), p. 49.
51) 에릭 H. 클라인, 『성서 고고학』 류광현 역, (서울: CLC, 2013), p. 90.

〈그림-1〉 송아지 형상

출토된 청동 송아지        송아지 우상이 세워졌던 단
(Tel Dan)

## 시내산의 금송아지 형상

고대 근동 지방과 이집트에서 중요하게 숭배되었던 황소가 이스라엘에 처음 등장하는 사건은 시내산에서 모세가 하나님께 율법과 십계명을 받고 있을 때였다.

"1.백성이 모세가 산에서 내려옴이 더딤을 보고 모여 백성이 아론에게 이르러 말하되 일어나라 우리를 위하여 우리를 인도할 신을 만들라 이 모세 곧 우리를 애굽 땅에서 인도하여 낸 사람은 어찌 되었는지 알지 못함이니라 2.아론이 그들에게 이르되 너희의 아내와 자녀의 귀에서 금 고리를 빼어 내게로 가져오라 3.모든 백성이 그 귀에서 금 고리를 빼어 아론에게로 가져가매 4.아론이 그들의 손에서 금 고리를 받아 부어서 조각칼로 새겨 송아지 형상을 만드니 그들이 말하되 이스라엘아 이는 너희를 애굽 땅에서 인도하여 낸 너희의 신이로다 하는지라 5.아론이 보고 그 앞에 제단을 쌓고 이에 아론이 공포하여 이르되 내일은 여호와의 절일이니라 하니 6.이튿날에 그들이 일찍이 일어나 번제를 드리며 화목제를 드리고 백성이 앉아서 먹고 마시며 일어나서 뛰놀더라"(출 32:1-6).

성경 역사 속에서 이스라엘이 처음으로 우상을 만든 기록이다. 이스라엘은 하나님께서 보여 주신 초자연적인 열 가지 재앙과 홍해가 갈리지는 기적을 체험했고, 아말렉 전쟁에서 승리케 하신 하나님의 은혜를 체험했다. 하나님은 십계명 서문에서 "나는 너를 애굽 땅, 종 되었던 집에서 인도하여 낸 네 하나님 여호와니라"고 자신을 소개하셨다(출 20:2). 그럼에도 그들은 여호와를 버리고 금으로 송아지 형상을 만들었다. 백성들이 형상을 요구한 이유는 어처구니없게도 단지, 모세가 시내산에서 늦게 내려온다는 것과 생사(生死) 여부를 모른다는 것이었다. 송아지 형상을 만든 목적도 "우리를 위하여"였다.

하나님은 이스라엘을 출애굽시킨 이유를 "너희의 하나님이 되려고 너희를 애굽 땅에서 인도하여 낸 자니 나는 여호와이니라"고 설명하셨다(레 22:33; 민 15:41). 백성들은 여호와께서 하나님 되심을 외면했다. 그리고 새롭게 "우리를 인도할 신"을 요구했다. 아론은 백성들의 요구에 부합해 금으로 송아지 형상을 만들고 "너희를 애굽 땅에서 인도하여 낸 너희의 신"이라고 외쳤다. 그들은 자신들이 만든 금송아지가 이집트의 신화적 의미를 가지고 있는 소의 형상들의 그 어떤 신들

이 아니라 역사 가운데 활동하시는 하나님이라고 주장한 것이다.[52]

그러나 이스라엘의 선택은 이집트의 신인 소와 출애굽 시킨 여호와를 혼합한 혼합종교에 불과했다. 이스라엘은 이집트에 있을 때 송아지 형상을 가진 이집트 신들에 익숙해 있었다. 고대 이집트에서 황소신들이었던 멤피스의 아피스(Apis) 황소 숭배와 헬리오폴리스의 우두머리 신인 아톰-라의 모습을 한 음네비스(Mnevis, Mnewer) 황소 숭배가 있었다. 이스라엘이 살고 있었던 나일 삼각주의 델타 지역에서도 황소 숭배가 있었다는 문서가 있었다.[53]

이스라엘이 이집트에서 익숙하게 보았던 소 형상의 신들을 금송아지 형상으로 만들었다. 고대 근동에서 통상적으로 신들은 동물들 위에 서 있는 형상이었다. 동물이 신의 형상을 세우기 위해 받침돌 역할을 했다. 아마도 아론의 금송아지 형상도 그러했을 것이다.[54] 아론은 제단을 쌓고 "내일은 여호와의 절일(a festival to the LORD)이니라"고 공포했다(출 32:5). 무서운 범죄가 일어나고 있는 것이다. 이스라엘에게 금송아지가 여호와 하나님을 대신하여 출애굽 시키고 인도할 신(神)이 된 것이다. 우상숭배의 전형(典型)을 보여 주고 있는 것이다. 금송아지 사건은 십계명의 제2계명을 어긴 최초의 사건이 되었다. 백성들은 아침 일찍 일어나 여호와가 아닌 새로 쌓은 금송아지 제단에 번제와 화목제를 드리고 앉아서 먹고 마시고 뛰어노는 거짓된 예

---

52) 나훔 M. 사르나, 『출애굽기 탐험』박영호 역, (서울: 솔로몬, 2004), p. 397.

53) 나훔 M. 사르나, Ibid., p. 397.

54) 알프레드 J. 허트, Ibid., p. 236.

배를 드렸다. 하나님은 금송아지 형상 사건을 단호하게 말씀하셨다.

> "7.여호와께서 모세에게 이르시되 너는 내려가라 네가 애굽 땅에서 인
> 도하여 낸 네 백성이 부패하였도다 8.그들이 내가 그들에게 명령한 길
> 을 속히 떠나 자기를 위하여 송아지를 부어 만들고 그것을 예배하며
> 그것에게 제물을 드리며 말하기를 이스라엘아 이는 너희를 애굽 땅에
> 서 인도하여 낸 너희 신이라 하였도다 9.여호와께서 또 모세에게 이르
> 시되 내가 이 백성을 보니 목이 뻣뻣한 백성이로다"(출 32:7-9)

하나님은 금송아지 사건에 대해 "백성이 부패"하여, 여호와의 명령
한 길을 속히 떠나 송아지를 부어 만들어 예배하며, 제물을 드리고
"우리를 애굽 땅에서 인도하여 낸 신"이라고 외쳤다고 말씀하셨다.
하나님은 모세에게 "이 백성을 보니 목이 뻣뻣한 백성이로다"라고 말
씀하셨다. 이 사건을 시편에서는 다음가 같이 정의했다.

> "19.그들이 호렙에서 송아지를 만들고 부어 만든 우상을 경배하여
> 20.자기 영광을 풀 먹는 소의 형상으로 바꾸었도다 21.애굽에서 큰일
> 을 행하신 그의 구원자 하나님을 그들이 잊었나니 22.그는 함의 땅에
> 서 기사와 홍해에서 놀랄 만한 일을 행하신 이시로다"(시 106:19-22)

시인은 금송아지 형상에 대해 이스라엘이 "우상을 경배"했으며 "하
나님의 형상을 풀 먹는 소의 형상을 바꾸는 일"이었고, 이집트에서
큰일을 행하신 구원자 하나님을 잊은 행위였다고 지적했다. 하나님

의 형상을 만든다는 것은 스스로 존재하시며, 영원하시고, 자유로우신 전능하신 하나님을 형상이라는 물질에 가두어 버리는 행위이다. 창조주 하나님은 결코 피조물의 형상으로 만들어질 수 없다.

**시내산 금송아지 숭배의 결과**

**첫째**, 이스라엘을 진멸하고 모세를 다시 큰 나라로 세우신다 하셨다.

> "그런즉 내가 하는 대로 두라 내가 그들에게 진노하여 그들을 진멸하고 너를 큰 나라가 되게 하리라"(출 32:10)

> "나를 막지 말라 내가 그들을 멸하여 그들의 이름을 천하에서 없애고 너를 그들보다 강대한 나라가 되게 하리라 하시기로"(신 9:14)

금송아지 우상숭배의 결과는 하나님의 무서운 진노로 이어졌다. 하나님은 출애굽 시키신 이스라엘 백성들에 대해 천하에 그들의 이름을 없애겠으며, 모세를 이스라엘보다 더 강대한 나라로 만들겠다고 하셨다. 마치, 노아 시대 사람들과 같은 모습이다.

> "5.여호와께서 사람의 죄악이 세상에 가득함과 그의 마음으로 생각하는 모든 계획이 항상 악할 뿐임을 보시고 6.땅 위에 사람 지으셨음을 한탄하사 마음에 근심하시고 7.이르시되 내가 창조한 사람을 내가 지면에서 쓸어버리되 사람으로부터 가축과 기는 것과 공중의 새

까지 그리하리니 이는 내가 그것들을 지었음을 한탄함이니라 하시니라"(창 6:5-7)

노아 시대 사람들은 마음으로 생각하는 모든 계획조차 악했다. 그래서 하나님은 사람을 지으셨음을 한탄하시고 창조한 사람, 가축, 기는 것, 공중의 새까지 지면에서 쓸어버리실 계획을 하셨다. 그러나 하나님은 인류와 동물들을 멸절시키지 않으셨다. 그 이유는 단 한 가지 때문이었다. "그러나 노아는 여호와께 은혜를 입었더라"(창 6:8). 하나님께 은혜를 입은 한 사람 노아 때문이었다. 노아는 "의인이요 당대에 완전한 자라 그는 하나님과 동행"했다(창 6:9). 하나님은 노아와 그의 가족과 방주에 실려진 동물들로 새로운 세상을 시작하셨다.

모세도 마찬가지였다. 하나님은 이스라엘의 금송아지 숭배 때문에 그들을 진멸하시고, 모세를 통해 새로운 "강대한 나라"를 시작하시려 하셨다. 창조주 하나님은 그렇게 하실 수 있다. 세례 요한이 바리새인들과 사두개인들에게 "속으로 아브라함이 우리 조상이라고 생각하지 말라 내가 너희에게 이르노니 하나님이 능히 이 돌들로도 아브라함의 자손이 되게 하시리라"고 말씀하심과 같다(마 3:9; 눅 3:8).

**둘째**, 모세의 기도로 여호와는 뜻을 돌이켜 진노를 멈추셨다.

"11.모세가 그의 하나님 여호와께 구하여 이르되 여호와여 어찌하여 그 큰 권능과 강한 손으로 애굽 땅에서 인도하여 내신 주의 백성에게 진노하시나이까 12.어찌하여 애굽 사람들이 이르기를 여호와가 자기의 백성을 산에서 죽이고 지면에서 진멸하려는 악한 의도로 인도해 내었다고 말하게 하시려 하나이까 주의 맹렬한 노를 그치시고 뜻을 돌이키사 주의 백성에게 이 화를 내리지 마옵소서 13. 주의 종 아브라함과 이삭과 이스라엘을 기억하소서 주께서 그들을 위하여 주를 가리켜 맹세하여 이르시기를 내가 너희의 자손을 하늘의 별처럼 많게 하고 내가 허락한 이 온 땅을 너희의 자손에게 주어 영원한 기업이 되게 하리라 하셨나이다 14. 여호와께서 뜻을 돌이키사 말씀하신 화를 그 백성에게 내리지 아니하시니라 15. 모세가 돌이켜 산에서 내려오는데 두 증거판이 그의 손에 있고 그 판의 양면 이쪽저쪽에 글자가 있으니 16. 그 판은 하나님이 만드신 것이요 글자는 하나님이 쓰셔서 판에 새기신 것이더라"(출 32:11-16)

모세의 간절한 기도는 여호와 하나님의 마음을 움직였다. 모세의 기도와 하나님의 응답은 하나님의 위대한 사랑을 보여 준다. "여호와께서 뜻을 돌이키사 말씀하신 화를 그 백성에게 내리지 아니하시니라"(출 32:14). 여호와께서 계획하신 뜻을 돌이킨다는 것은 하나님께서 변덕스러워 뜻을 돌이킨다는 의미가 아니다. 자비하신 하나님께서 한 번 더 참으시고, 죄악을 용서해 주신다는 사랑의 표현이다. 이스라엘은 가나안 땅에 정착했을 때 여호와의 목전에서 악을 행하였다. 그들은 가나안 사람들과 언약을 맺었고, 바알과 아스다롯을 섬겼다(삿 2:11-13). 하나님은 이스라엘에게 진노하사 노략하는 자들의 손에 이스라엘을 넘겨주셨다. 그들은 타민족들의 압제로 인해 심판의 고통과 괴로움을 당했다(삿 2:14-15). 이스라엘은 고통 때문에 눈물 흘리며 회개하며 하나님께 부르짖었다. 그때 여호와께서 뜻을 돌이키셨다(삿 2:18). 그래서 사사를 세우시고, 이스라엘을 구원하셨고, 사사가 사는 날 동안 평안을 누렸다. 하나님은 예레미야에게도 이 사실을 여러 번 언급하셨다(렘 26:3, 13).

> "내가 어느 민족이나 국가를 뽑거나 부수거나 멸하려 할 때에 만일 내가 말한 그 민족이 그의 악에서 돌이키면 내가 그에게 내리기로 생각하였던 재앙에 대하여 뜻을 돌이키겠고"(렘 18:7-8)

죄악에서 회개할 때, 여호와의 명령을 다시 청종할 때 하나님은 진노와 재앙을 내리실 뜻을 돌이키신다고 약속하셨다. 시인도 금송아지 형상을 만들어 경배한 이스라엘의 죄악을 위해 기도한 모세의 기도 때문에 "뜻을 돌이키신" 하나님의 은혜를 찬양했다(시 106:43-46).

**셋째**, 모세는 십계명을 산 아래로 던져 깨뜨렸다(출 32:17-19). **넷째**, 금송아지 형상을 불살라 가루를 물에 뿌려 이스라엘이 마시게 했다(출 32:20). **다섯째**, 모세의 지시로 레위 자손이 이스라엘 쳐서 3,000명가량을 죽였다(출 32:27-28). **여섯째**, 모세는 백성들이 금신을 만든 죄악을 철저히 회개했다. 모세는 하나님께 백성들이 금신을 만들어 큰 죄를 지었다고 고백했다. 그리고 이스라엘의 죄악을 용서해 주시기를 간구하면서 그렇지 않다면 "주께서 기록하신 책에서 내 이름을 지워 버려" 주시기를 기도했다.

> "30. 이튿날 모세가 백성에게 이르되 너희가 큰 죄를 범하였도다 내

가 이제 여호와께로 올라가노니 혹 너희를 위하여 속죄가 될까 하노라 하고 31.모세가 여호와께로 다시 나아가 여짜오되 슬프도소이다 이 백성이 자기들을 위하여 금신을 만들었사오니 큰 죄를 범하였나이다 32.그러나 이제 그들의 죄를 사하시옵소서 그렇지 아니하시오면 원하건대 주께서 기록하신 책에서 내 이름을 지워 버려 주옵소서"(출 32:30-32)

하나님은 모세의 기도를 듣고 모세에게 "누구든지 내게 범죄하면 내가 내 책에서 그를 지워 버리리라 이제 가서 내가 네게 말한 곳으로 백성을 인도하라 내 사자가 네 앞서 가리라 그러나 내가 보응할 날에는 그들의 죄를 보응하리라"고 말씀하셨다(출 32:33-34). 하나님은 모세에게 아브라함과 이삭과 야곱에게 맹세하신 땅으로 올라가 명령하시며 말씀하셨다.

"2.내가 사자를 너보다 앞서 보내어 가나안 사람과 아모리 사람과 헷 사람과 브리스 사람과 히위 사람과 여부스 사람을 쫓아내고 3.너희를 젖과 꿀이 흐르는 땅에 이르게 하려니와 나는 너희와 함께 올라가지 아니하리니 너희는 목이 곧은 백성인즉 내가 길에서 너희를 진멸할까 염려함이니라"(출 33:2-3)

하나님은 금송아지 형상 숭배를 했던 이스라엘에게 다시금 조상들에게 약속했던 땅, 젖과 꿀이 흐르는 땅에 들어갈 것을 약속하셨다. 하나님의 사자를 이스라엘보다 앞서 보내 가나안 땅 족속들을 쫓아낼 것이라고 하셨다. 이것이 은혜이다. 하나님을 외면하고 금송아지 형상을 만들어 경배했으나 하나님은 모세의 간절한 회개의 기도를 들으시고 이스라엘의 죄악을 용서하신 은혜이다. 조상에게 맹세하신 땅을 다시 주겠다는 은혜이다.

## 여로보암 1세의 송아지 우상

고고학적 배경에서 이스라엘 민족이 사용한 가장 오래된 제사 장소는 사마리아 북쪽 도단(Dothan) 근처의 산맥 정상에서 발굴되었다. 이곳에서 1980년대 초 아미하이 마잘(Amihai Mazar)은 송아지 모양의 청동상과 주상(마쩨바)으로 보이는 돌, 향을 피웠던 도구들의 조각들과 동물 뼈들이 발굴되었다. 황소는 고대 근동 지역에서 오랫동안 종교적인 의미를 가지고 있었다. 메소포타미아 지역에서 폭풍의 신 아닷은 "뿔 달린 야생 황소", "하늘과 땅의 거대한 야생 황소"로 묘사되었다. 고대 근동에서 황소는 무제한의 힘과 풍요를 대표한다.[55] 우가릿의 가나안 종교에서 황소는 최고신이었던 엘(El), 송아지는 그의 아들 바알을 상징했다.[56] 북왕조를 시작한 여로보암은 단과 벧엘에 제단을 쌓고 바알을 상징하는 송아지 형상을 만들었다.

---

55) 라이너 알베르츠, 『이스라엘 종교사 Ⅰ』 강성열 역, (고양: 크리스챤다이제스트, 2003), pp. 319-320.
56) 필립 J. 킹 · 로렌스 E. 스테거, 『고대 이스라엘 문화』 임미영 역, (서울: CLC, 2014), p. 425.

"25.여로보암이 에브라임 산지에 세겜을 건축하고 거기서 살며 또 거기서 나가서 부느엘을 건축하고 26.그의 마음에 스스로 이르기를 나라가 이제 다윗의 집으로 돌아가리로다 27.만일 이 백성이 예루살렘에 있는 여호와의 성전에 제사를 드리고자 하여 올라가면 이 백성의 마음이 유다 왕 된 그들의 주 르호보암에게로 돌아가서 나를 죽이고 유다의 왕 르호보암에게로 돌아가리로다 하고 28.이에 계획하고 두 금송아지를 만들고 무리에게 말하기를 너희가 다시는 예루살렘에 올라갈 것이 없도다 이스라엘아 이는 너희를 애굽 땅에서 인도하여 올린 너희의 신들이라 하고 29.하나는 벧엘에 두고 하나는 단에 둔지라 30. 이 일이 죄가 되었으니 이는 백성들이 단까지 가서 그 하나에게 경배함이더라"(왕상 12:25-30)

여로보암은 백성들이 예루살렘 성전으로 내려가 제사를 드리게 되면 르호보암에게 마음을 돌이켜 자신을 죽일 것을 두려워했다. 그 이유는 르호보암은 다윗 왕조의 계보의 정통성을 가진 왕이고, 솔로몬의 아들이며, 솔로몬이 지은 예루살렘 성전도 남유다에 있었기 때문이다. 여로보암은 이러한 정치적 문제를 해결하기 위해 예루살렘 성전을 대신할 제단을 쌓을 것을 생각하고 단과 벧엘에 제단을 쌓았다.

벧엘은 두 가지 면에서 중요한 지역이다. **첫째**, 북이스라엘 사람들이 예루살렘으로 내려가기 위해서는 산지길(족장의 도로)로 지나야 한다. 세겜부터 브엘세바까지 이어지는 산지길은 현재까지도 이용되는 주요 도로이다. **둘째**, 벧엘은 이스라엘에게 중요한 신앙적 유산을 간직한 곳이다. 아브라함은 벧엘과 아이 사에서 여호와께 제단을 쌓았고(창 12:8), 이집트에서 돌아와 롯과 헤어졌을 때 하나님은 이곳에서 동서남북(東西南北)을 바라보는 땅을 주시며, 땅의 티끌처럼 자손을 주실 약속을 하셨다(창 13장). 야곱은 벧엘에서 잠을 자다가 꿈에 사닥다리를 오르내리는 천사와 땅과 후손을 약속하신 하나님을 만났다. 야곱은 루스를 "하나님의 집"이라는 의미로 벧엘이라 불렀다(창 28:11-19).

여로보암은 신앙적 유산을 간직한 벧엘과 단에 제단을 쌓고 두 개의 금송아지를 만들었다. 그는 백성들에게 더 이상 제사를 드리기 위해 예루살렘에 갈 필요가 없으며 금송아지 우상이 "너희를 애굽 땅에서 인도하여 올린 너희의 신들"이라 선포했다. 여로보암은 아론과 백성들이 시내산에서 금송아지 형상을 만들고 "너희를 애굽 땅에서 인도하여 낸 너희 신이라"했던 범죄를 답습했다(출 32:8).

여로보암에게 황소 형상은 첫째, 이집트의 압제에서 해방시킨 하나님의 무한한 힘을 상징했다. 그리고 통일 왕국의 마지막 왕 솔로몬의 고통스러운 부역(賦役)의 압제에서 해방을 의미했다. 르호보암은 부왕 솔로몬의 부역을 경감해 달라는 세겜 사람들의 제안을 거절했기 때문에 통일 왕국을 잇지 못했고, 여로보암을 북이스라엘의 왕으로 세웠었다.

둘째, 여로보암이 북왕국을 시작하면서 예루살렘의 제의와 차별화를 꾀해야 했다.57) 그래서 옛 벧엘의 신앙 전승을 통해 벧엘에 성소가 세워 신앙의 전통성을 강조했다. 벧엘은 야곱에 의해 "하나님의

---

57) 라이너 알베르츠, *Ibid.*, pp. 319-320.

집"을 불렀기 때문에 성소를 세우는 분명한 이유가 되었다. 그러나 성경은 여로보암의 행동에 대해 "이 일이 죄가 되었으니 이는 백성들이 단까지 가서 그 하나에게 경배함이더라"고 지적한다(왕상 12:30). 왜냐하면 하나님께 제사를 드려야 할 장소는 오직 예루살렘 성전뿐이며 금송아지 형상은 결코 출애굽의 하나님이 아니기 때문이다. 여로보암은 결국 북이스라엘을 우상을 섬기는 나라로 만들었을 뿐이다. 여로보암은 계속해서 단과 벧엘뿐 아니라 여러 산당들을 건축하고 숫염소 우상과 송아지 우상들을 만들어 세웠다. 그리고 여로보암은 레위인이 아닌 일반인으로 제사장을 세우는 범죄를 저질렀다(대하 11:14-15).

> "31.그가 또 산당들을 짓고 레위 자손 아닌 보통 백성으로 제사장을 삼고 32.여덟째 달 곧 그 달 열다섯째 날로 절기를 정하여 유다의 절기와 비슷하게 하고 제단에 올라가되 벧엘에서 그와 같이 행하여 그가 만든 송아지에게 제사를 드렸으며 그가 지은 산당의 제사장을 벧엘에서 세웠더라"(왕상 12:31-32)

열왕기는 처음 열 지파의 역사를 주목했다. 성경 기자는 여로보암이 르호보암식 이집트 강제 노동으로부터 이스라엘을 "출애굽"시켰지만, 여로보암식 "출애굽"도 결국 또 하나의 금송아지 사건으로 귀착되었음을 보여 준다.[58] 느밧의 아들 여로보암의 죄는 스스로 계시는 하나님, 불가시적인 하나님을 한낱 풀을 뜯어 먹는 송아지의 형

---

58) 이안 프로반 · V. 필립스 롱 · 트롬퍼 롱맨 3세, *Ibid*., p. 522.

상으로 전락시킨 행위였다. 여로보암은 남쪽 예루살렘 성전에서 제
사하고자 떠나는 백성들을 막고자 하는 정치적 계산과 함께 풍요를
갈망하는 숭배자들을 만족시키는 종교 혼합주의를 만들었다.[59] 그
래서 성경은 북이스라엘의 왕들을 평가할 때 정치적  경제적인 평가
를 대신해 "느밧의 아들의 여로보암의 죄"(왕상 13:24, 14:16, 15:26, 30,
16:2; 왕하 3:3, 10:29, 13:2)를 따랐느냐, 그렇지 않느냐로 평가했다.


## | 드라빔(teraphim) |

### 라헬과 드라빔

〈그림-2〉 드라빔을 추측할 수 있는 점토 형상들

성경의 드라빔은 창세기의 야곱 이야기에 처음 등장한다. 그러나
야곱 가족과 드라빔의 이야기는 누지문서(Nuzi Text)가 발견되면서 이
해될 수 있었다. 라반은 두 딸 외에 아들이 없었기 때문에 야곱을 사

---

59) 브루스 월트키, *Ibid*., pp. 836-837.

위 겸 양자로 삼았을 것이다. 누지법에 의하면 양자는 재산을 상속받을 뿐 아니라 가정신(家神)인 드라빔을 소유하게 되지만, 만일 아들이 태어나면 재산은 나눠 가질 수 있지만 양자는 드라빔을 소유할 수 없으며 드라빔의 상속권은 친(親)아들에게 돌아간다.[60] 이러한 이유 때문에 야곱이 가족을 데리고 라반에게서 도망쳤을 때 라헬은 아버지의 드라빔(her father's household gods)을 훔쳐 낙타 안장 밑에 감추고 나왔다(창 31:19, 34). 라반은 잃어버린 드라빔을 찾기 위해 야곱 일행을 뒤쫓아왔다(창 31:17-20, 34-35). 왜냐하면 드라빔을 소유하는 것은 성공적인 인생을 보장해 줄 뿐 아니라 재산을 상속하는 것을 보장해 주기 때문이다.[61]

야곱은 삼촌 라반의 집에서 일하면서 하나님의 살아 계심을 체험했다. 야곱은 하나님께 복을 받아 많은 재산을 가지고 라반의 집에서 나왔다. 야곱과 라반을 통해 하나님과 드라빔의 중요한 차이점을 보여 준다. 야곱의 하나님은 역사의 흐름과 야곱의 모든 상황을 주관하시며, 그에게 복과 큰 재산을 주시는 분이셨다. 반면 라반의 드라빔은 라반의 재산을 지켜 주지도 못했으며, 라반의 삶에 그 어떤 영향도 끼치지 못했다. 더욱이 월경 중인 라헬에 보호를 받아야 하는 형상이었다. 라반의 드라빔은 상속권을 상징하지만 사건 변화에는 아무런 영향도 끼치지 못하는[62] 죽은 우상에 불과했다. 요세푸스는 이

---

60) 한상인, 『족장시대의 고고학』 (서울: 학연문화사, 1996), pp. 152-153.

61) 한상인, Ibid., p. 153.

62) 월터 브루거만, 『창세기』 강성열 역, (서울: 한국장로회출판사, 2000), pp. 388-389.

사건에 대해 다음과 같이 서술했다.

"라헬은 그 나라의 법에 따라 예배드릴 때 사용하는 신의 형상들을 훔쳐 가지고 언니와 함께 도망쳤다. 또한 그들의 자녀들과 여종들과 그들이 소유한 것들을 가지고 야곱과 함께 떠났다. 야곱은 또한 라반이 전혀 알지 못하게 가축의 반을 끌고 갔다. 야곱이 신의 형상들에게 예배드리는 것을 못하게 가르쳤을지라도 신의 형상들을 가지고 온 이유는 그들이 추적을 당해서 그녀의 아버지에게 붙잡혔을 경우 아버지가 자신들을 용서해 주도록 그 신에게 빌기 위해서였다. … 너는 나의 양 떼들을 몰아 가져가고 내 딸들을 설득하여 나로부터 도망가게 하고 나의 선조들이 예배를 드리고 나도 그들이 드렸던 예배로 경의를 표해 온 거룩한 신의 형상들을 가지고 달아남으로 나의 원수로 대했다.(유대고대사 1권 19장 8-9)"63)

요세푸스를 통해서도 알 수 있듯이 드라빔은 메소포타미아 지역의 종교에 따라 "예배" 드리는 형상이었다. 이 드라빔은 조상들로부터 계속 전해지는 한 가정의 가정신이며, 신의 형상이라고 믿고 있었다. 라반의 드라빔은 가족 소유의 작은 신상들이었을 것이다. 왜냐

---

63) 플라비우스 요세푸스, 『하버드판 요세푸스 유대고대사 I』 성서자료 연구원 역, (서울: 도서출판 달산, 1991), pp. 131-132. 하버드판의 드라빔에 대한 각주에서 "미드라쉬에서는 드라빔을 도적질한 다른 동기가 있었다고 해석하는데, 라헬은 그것을 훔쳤고 그뿐 아니라 라헬의 아버지 집으로부터 우상숭배를 제거하려고 도망쳤다는 것을 라반에게 말하지 않았다. 드라빔은 점치는 데 사용했으며(슥 10:2) 인간의 형상을 한 우상이다. 이것은 라틴어로 '가족·가정의 신'(Penates)과 같이 '집안의 신'이라고 생각되어 왔으며, 조상숭배와 연관된다."고 보충설명을 했다.

하면 사람은 "나의 신들" 또는 "너의 신들"로 불리기 때문이다(엘로하이/헤카, 창 31:30, 32). 드라빔은 가문의 연속성과 세대 간의 유대 관계를 보증하는 역할을 수행했다. 창세기 31장은 드라빔의 종교 제의의 중요성에 대해서는 말해 주지 않는다.[64]

오랫동안 학자들은 드라빔을 소유한 자에게 상속권을 주어야 한다고 주장했다. 그러나 모리슨(Morrison)은 "라헬이 자기 아버지에게 버림을 당했다고 느꼈기 때문에 아버지 라반이 신상(神像)을 지키는 자로서 책임을 어겼다고 생각했다. 그래서 아버지 라반이 드라빔을 가질 권한을 폐기했다."[65]고 보았다. 야곱은 라반과 헤어진 뒤 형 에서와 화해를 하고 세겜에 도착했다. 그러나 세겜에서 디나가 하몰의 아들 추장 세겜에게 강간당하는 사건이 벌어졌다. 야곱은 침묵했으나 그의 아들들은 세겜과 그의 족속들에게 복수했다(창 34장).

하나님은 야곱에게 벧엘로 올라가 제단을 쌓으라고 말씀하셨다. 야곱은 벧엘로 올라가기 전, 온 가족들과 함께한 모든 사람들에게 "너희 중에 있는 이방 신상들을 버리고 자신을 정결하게 하고 너희들의 의복을 바꾸어 입으라"고 말했다(창 35:2). 그들은 "자기 손에 있는 모든 이방 신상들과 자기 귀에 있는 귀고리들을 야곱"에게 주고 야곱은 세겜 근처 상수리나무 아래 묻었다(창 35:4). 요세푸스도 이 사건에 대해 언급했다.

---

64) 라이너 알베르츠, *Ibid.*, pp. 82-83.

65) 알프레드 J. 허트, *Ibid.*, p. 158.

"야곱은 너무나 엄청난 이런 행동에 돌라서 그의 아들들을 매우 심하게 꾸짖었다. 하나님께서는 그에게 나타나셔서 용기를 갖고 그의 장막을 정결케 하여 그가 처음에 메소보다미아로 들어와서 환상을 보았던 제단에서 맹세했던 제물들을 바치라고 했다. 그래서 야곱은 자기 식구들을 정결케 하고 라반의 신의 형상들을 보고 (왜냐하면 그는 전에 라헬이 그 형상을 훔친 것을 알지 못했다.) 그것들을 세겜에 있는 상수리나무 아래 땅속에 숨기고 그곳을 떠나 그가 옛날 메소보다미아로 갈 때 처음 꿈을 꾸었던 곳인 벧엘로 가서 제물을 드렸다."(유대고대사 19권 21장 2)[66]

야곱과 그 가족들의 행동을 보면, 그들이 살던 밧단아람(Paddan-aram)에 속한 메포소타미아 지방의 종교에 얼마나 많은 영향을 받았는지 알 수 있다. 그들은 라헬이 가지고 나온 드라빔뿐만 아니라 많은 "이방 신상들"을 가지고 있었다. 레아와 라헬, 빌하와 실바뿐만 아니라 야곱의 아들들, 그리고 그의 소유였던 모든 종들도 메소포타미아의 문화와 종교 속에서 태어나고 자랐다. 그래서 그들은 메소포타미아 종교에 많은 영향을 받았으며 많은 이방 신상들을 가지고 있을 수밖에 없었다. 야곱은 벧엘의 여호와 하나님의 부름 앞에 이방 신상들과 메소포타미아의 문화들인 "귀고리"들을 상수리나무 아래 묻었다. 이제는 오직 여호와 하나님만을 섬기고 작정한 것이다.

---

66) 플라비우스 요세푸스, *Ibid.*, p. 140.

## 미가와 드라빔

사사기는 영적 어둠의 시대를 대표한다. 여호수아가 죽은 후 이스라엘에 족속들에게는 진정한 지도자가 없었다. 모세와 여호수아, 갈렙처럼 온전히 하나님을 믿고 신뢰하며, 수적인 열세에도 불구하고 오직 하나님의 능력만을 의지하여 강력한 가나안의 토착민과 싸울 만한 용기 있는 사람들이 없었다. 사사들은 저마다 부족한 사람들이었다. 사사기는 부족한 사사들을 통해 일하시는 하나님의 능력을 보여 주신다. 하나님은 사사를 택하시고 여호와의 영을 부어 주셨다.

하나님의 능력으로 사사들은 나가 싸워 승리했으나, 사사 삼손의 이야기(삿 13-16장)를 끝으로 사사기는 최악의 영적 타락의 장으로 빠져든다. 사사기 17장은 타락한 미가 이야기를 진행하다가 멈추고 갑자기 "그때에는 이스라엘에 왕이 없었으므로[67] 사람마다 자기 소견에 옳은 대로 행하였더라"(삿 17:6)라는 말로 이야기의 한 단락을 마친다. 이 말씀은 사사 시대의 영적 상태를 보여 주는 말씀이다(참고, 18:1; 19:1). 사사기는 하나님을 왕으로 섬기지 못한 이스라엘의 영적 어둠의 상태를 기록하면서 마친다.

"그때에 이스라엘에 왕이 없으므로 사람이 각기 자기의 소견에 옳은

---

[67] 사기에서 말하는 "왕이 없으므로"는 왕이신 하나님을 의미한다. 하나님은 사무엘에게 말씀하셨다. "여호와께서 사무엘에게 이르시되 백성이 네게 한 말을 다 들으라 이는 그들이 너를 버림이 아니요 나를 버려 자기들의 왕이 되지 못하게 함이니라"(삼상 8:7). 사사 시대 이스라엘 백성들에게는 애굽에서 인도하신 여호와 하나님이 그들의 왕이 아니었다.

대로 행하였더라"(삿 21:25)

미가 기사에서 미가는 어머니가 준 돈으로 자기 집 신당에 신상과 에봇(ephod)과 드라빔을 만들고 자기의 아들 중 하나를 제사장으로 세웠다.

"4.미가가 그 은을 그의 어머니에게 도로 주었으므로 어머니가 그 은 이백을 가져다 은장색에게 주어 한 신상을 새기고 한 신상을 부어 만 들었더니 그 신상이 미가의 집에 있더라 5.그 사람 미가에게 신당이 있으므로 그가 에봇과 드라빔을 만들고 한 아들을 세워 그의 제사장 으로 삼았더라"(삿 17:4-5)

미가는 에브라임 산지에 살고 있었다. 에브라임 산지에는 여호와 의 성막이 있는 실로가 있었다. 그럼에도 미가는 우상의 집인 신당(영 어로는 a shrine 또는 an house of gods)에 신상, 에봇, 드라빔을 두었다. 사 사기에서 드라빔은 장례를 위한 가족 제의에 꼭 필요한 기본 물품으 로 여겨진다.[68]

이 드라빔은 다소 하급의 신들을 대표하고 있음을 암시하는데, 그 뒷받침으로 누지문서의 에템무(죽은 자들의 영들)가 일라니(가족 신들)와 부분적으로 평형 관계에 있음에서 볼 수 있다. 일라니는 신격화된 조 상들을 대표하며, 구약성경에서는 한 차례(왕하 23:24) 드라빔이 죽은

---

68) 라이너 알베르츠, *Ibid*., p. 83.

자들의 영을 가리키는 것으로 보이는 히브리어로 '오보트'(한글성경은 '신접한 자')와 '잇데오님'(한글성경은 '박수')과 함께 언급된다. 그러므로 드라빔이 신격화된 조상들의 신상을 의미[69]한다고 볼 수 있다.

미가는 이러한 드라빔을 신당에 두고 섬겼을 뿐 아니라 베들레헴에서 온 레위 청년에게 의복과 먹을 것을 주기로 약속하며 그를 고용했다. "네가 나와 함께 거주하며 나를 위하여 아버지와 제사장이 되라"(삿 17:9-10). 미가 이야기는 하나님께 구별된 레위인, 하나님을 섬겨야 할 레위인이 미가와 그 가족을 위한 제사장으로, 하나님의 성전이 아닌 우상을 섬기는 신당의 제사장으로 타락되는 모습을 보여 준다.

### 단지파와 드라빔

미가의 우상들은 단 자손 이야기로 이어진다.

> "그때에 이스라엘에 왕이 없었고 단 지파는 그때에 거주할 기업의 땅을 구하는 중이었으니 이는 그들이 이스라엘 지파 중에서 그때까지 기업을 분배받지 못하였음이라"(삿 18:1)

단 지파 사람들은 소라와 에스다올에서 지파 중 용맹한 5명을 뽑아 거주할 수 있는 땅을 찾는 임무를 맡겼다. 그들은 에브라임 산지로 올라가서 미가의 집에서 유숙했다(삿 18:2). 그들은 미가의 제사장을 만났

---

69) 라이너 알베르츠, *Ibid.*, pp. 84-85.

고, 그에게 "우리를 위하여 하나님께 물어보아서 우리가 가는 길이 형통할는지 우리에게 알게 하라"고 요청했다. 미가의 레위 제사장은 "평안히 가라 너희가 가는 길은 여호와 앞에 있느니라"고 말해 주었다(삿 18:5-6). 문제는 그들이 라이스를 정탐하고 500명의 무장한 형제들과 라이스 땅을 차지하기 위해 길을 떠났을 때 일어났다. 5명은 무장한 형제들과 미가의 집에 다시 들렀고, 미가의 신당에 있던 "새긴 신상과 에봇과 드라빔과 부어 만든 신상"들을 가지고 갔다(삿 18:18). 그들의 행동을 본 미가의 제사장 레위 청년은 그들에게 "무엇을 하느냐"고 물었다. 그들은 제사장에게 말했다.

> "잠잠하라 네 손을 입에 대라 우리와 함께 가서 우리의 아버지와 제사
> 장이 되라 네가 한 사람의 집의 제사장이 되는 것과 이스라엘의 한 지
> 파 한 족속의 제사장이 되는 것 중에서 어느 것이 낫겠느냐"(삿 18:19)

단 자손들은 미가의 우상들을 소유한 채 라이스를 정복했다. 그러나 이 행동은 단 지파 역사에 씻을 수 없는 아픔이 되었다. 왜냐하면 단 지파가 하나님을 떠나 우상을 섬기는 계기가 되었기 때문이다. 사사기는 이 사건의 결말을 기록한다.

> "30.단 자손이 자기들을 위하여 그 새긴 신상을 세웠고 모세의 손자요
> 게르솜의 아들인 요나단과 그의 자손은 단 지파의 제사장이 되어 그 땅
> 백성이 사로잡히는 날까지 이르렀더라 31.하나님의 집이 실로에 있을
> 동안에 미가가 만든 바 새긴 신상이 단 자손에게 있었더라"(삿 18:30-31)

사사기는 "하나님의 집이 실로에 있을 동안에 미가가 만든바 새긴 신상이 단 자손에게 있었더라."고 지적한다. 단 자손은 라이스를 정복하고 더 이상 실로에 있는 여호와의 성소를 찾지 않았다. 그들은 여호와를 떠나 타락한 미가가 새긴 신상과 드라빔을 라이스로 가져와 섬겼다. 단 자손은 여호와 신앙을 떠나 우상숭배자들이 되었다.

### 왕조 시대까지 이어진 드라빔

족장시대의 라헬, 사사 시대의 미가, 그리고 이스라엘 왕조에 이르기까지 오랜 역사 속에서 이스라엘 사람들은 드라빔의 유혹에서 벗어나지 못했다.

#### · 사울

사무엘상 19:13, 16절 역시 가족 신상에 대해 언급한다. 국역성경에는 "미갈이 우상을"이라고 기록하고 있는데, 여기서 말하는 우상은 히브리어로 "드라빔"이다. 이 드라빔은 라헬이 훔친 드라빔보다 더 큰 것으로,[70] 미갈은 아버지 사울이 다윗을 죽이려 할 때 다윗이 병든 것처럼 보이도록 사용하였다. 사무엘상 19:13, 16은 드라빔의 치료 기능에 대해 말하는 것 같다.[71] 드라빔은 라반의 가정 신으로, 사

---

70) 라이너 알베르츠, *Ibid.*, p. 83.

71) 라이너 알베르츠, *Ibid.*, p. 84.

울 시대에는 치료에 사용되는 우상으로 나타났다(삼상 19:12-17).

> "22.사무엘이 이르되 여호와께서 번제와 다른 제사를 그의 목소리를
> 청종하는 것을 좋아하심 같이 좋아하시겠나이까 순종이 제사보다 낫
> 고 듣는 것이 숫양의 기름보다 나으니 23.이는 거역하는 것은 점치는
> 죄와 같고 완고한 것은 사신 우상(드라빔)에게 절하는 죄와 같음이라
> 왕이 여호와의 말씀을 버렸으므로 여호와께서도 왕을 버려 왕이 되
> 지 못하게 하셨나이다 하니"(삼상 15:22-23)

사무엘은 사울의 죄에 대해 두 가지를 지적했다. 첫째, 점치는 죄
(the sin of divination)는 하나님을 거역하는 것과 같은 것이다. 둘째, 완
고한 것은 사신(邪神) 우상, 곧 헛된 드라빔에게 절하는 것과 같은 것
이다. 사무엘은 드라빔이 헛되고 어리석은 형상이었는데, 드라빔을
섬기는 자들이 있었다는 사실을 지적하고 있다.


· **요시야**

요시야 왕이 종교개혁을 시작할 때 드라빔을 청산했다는 것은 지
금까지 이스라엘 백성들이 가정에서 드라빔 우상을 섬기고 있었다는
반증이 된다.

> "요시야가 또 유다 땅과 예루살렘에 보이는 신접한 자와 점쟁이와 드
> 라빔과 우상과 모든 가증한 것을 다 제거하였으니 이는 대제사장 힐

기야가 여호와의 성전에서 발견한 책에 기록된 율법의 말씀을 이루
려 함이라"(왕하 23:24)

사무엘 15:23에는 "점치는 죄와 헛된 드라빔/우상"을 연속해서 언
급했듯이 요시야의 종교개혁에서도 "신접한 자와 점쟁이와 드라빔과
우상"을 함께 묶었다. 이것들은 모두 하나님을 섬기지 못하게 하는
우상들이었으며 드라빔이 신접한 자와 점쟁이와 같은 역할을 하고
있다는 것을 알 수 있다.

## 선지자들과 드라빔

### · 호세아

호세아에서 드라빔은 공식 제의의 영역에서 한층 더 깊이 들어가
게 된다. 드라빔은 제사와 주상(마체바)들과 에봇 등과 더불어 언급
된다.[72]

"3.그에게 이르기를 너는 많은 날 동안 나와 함께 지내고 음행하지
말며 다른 남자를 따르지 말라 나도 네게 그리하리라 하였노라 4.이
스라엘 자손들이 많은 날 동안 왕도 없고 지도자도 없고 제사도 없고
주상도 없고 에봇도 없고 드라빔도 없이 지내다가 5.그 후에 이스라

---

72) 라이너 알베르츠, *Ibid.*, p. 84.

엘 자손이 돌아와서 그들의 하나님 여호와와 그들의 왕 다윗을 찾고 마지막 날에는 여호와를 경외하므로 여호와와 그의 은총으로 나아가리라"(호 3:3-5)

호세아는 이스라엘의 더러움을 문자적으로 해석했다. 호세아는 짝을 이루는 표현으로, 왕과 왕자[73], 제사와 주상, 에봇과 드라빔 그리고 부패한 정부와 소용없는 제의, 교묘한 방법으로 미래를 알려고 하는 쓸데없는 노력들을 지적한다(호 3:4).[74] 호세아는 이스라엘의 잘못된 우상의 제의와 부패한 정치에서 떠나 여호와 하나님을 찾으며, 다윗의 참된 왕권의 회복으로 돌아오라고 선포했다(호 3:5). 하나님께서 원하시는 바는 이스라엘의 주인은 바알이 아니라 여호와라는 사실과 바알 숭배가 이스라엘에게 완전히 사라지는 것이다.

"16.여호와께서 이르시되 그날에 네가 나를 내 남편이라 일컫고 다시는 내 바알이라 일컫지 아니하리라 17.내가 바알들의 이름을 그의 입에서 제거하여 다시는 그의 이름을 기억하여 부르는 일이 없게 하리라"(호 2:16-17)

---

73) 국역성경의 '지도자'는 히브리어 샤르(שׂר)인데 영어성경에는 BBE를 제외하고 모두 왕자(prince)로 번역했다.

74) 도널드 E. 고웬, 『구약 예언서 신학』 차준희 역, (서울: 대한기독교서회, 2004), p. 123.

· 스가랴

스가랴 선지자는 드라빔이 점치는 도구로 사용되고 있음을 지적한다. 사람들은 드라빔을 통해 점을 치기를 원하지만 스가랴 선지자는 "드라빔들은 허탄한 것을 말"할 뿐이라고 경고했다.

"드라빔들은 허탄한 것을 말하며 복술자는 진실하지 않은 것을 보고 거짓 꿈을 말한즉 그 위로가 헛되므로 백성들이 양같이 유리하며 목자가 없으므로 곤고를 당하나니"(슥 10:2)

드라빔과 같이 복술자들(diviners)은 진실되지 않은 것을 보고, 거짓 꿈을 말한다. 여호와를 떠난 목자 없는 양 같은 이스라엘 백성들, 그들은 참된 선지자를 통해 주시는 여호와의 예언, 미래, 꿈, 비전을 볼 수 없었다. 그래서 스가랴 선지자는 "백성들이 양 같이 유리하며 목자가 없으므로 곤고를 당하나니"라고 한탄했다.

· 에스겔

에스겔 선지자도 드라빔이 점치는 도구로 사용됨을 지적한다. 에스겔은 이스라엘이 아니라 바벨론 왕이 점을 치는데 "화살들을 흔들어 드라빔"에게 묻고 있다고 지적했다. 고대 근동 지방에서 드라빔은 가정신의 역할뿐 아니라 "점"을 치는 도구로 사용되었다.

"21.바벨론 왕이 갈랫길 곧 두 길 어귀에 서서 점을 치되 화살들을 흔들어 우상(드라빔)에게 묻고 희생제물의 간을 살펴서 22.오른손에 예루살렘으로 갈 점괘를 얻었으므로 공성퇴를 설치하며 입을 벌리고 죽이며 소리를 높여 외치며 성문을 향하여 공성퇴를 설치하고 토성을 쌓고 사다리를 세우게 되었나니 23.전에 그들에게 맹약한 자들은 그것을 거짓 점괘로 여길 것이나 바벨론 왕은 그 죄악을 기억하고 그 무리를 잡으리라"(겔 21:21-23)

바벨론 사람들은 점을 통해 신탁(oracle)을 받았다. 바벨론 왕 느브갓네살 왕은 점을 보는 행동으로 첫째, 화살을 흔드는 점을 쳤고 둘째, 우상에게 물어보고 셋째, 희생의 간(liver)을 살폈다(21절). 이러한 점들은 '광맥을 찾아내는 막대기 점'(rhabdomancy)이나 '간 검사'(hepatoscopy)를 하는 점(占)이었다.[75] 바벨론 왕 느브갓네살은 점을 침으로써 예루살렘으로 갈 점괘를 얻었다. 그리고 곧바로 예루살렘을 점령할 공성퇴를 설치하고 토성(土城)을 쌓고 사다리를 세웠다. 하나님의 심판의 도구로 사용된 바벨론 왕 느브갓네살 왕. 그는 예루살렘을 정복했다. 그러나 예루살렘의 멸망은 단순히 느브갓네살 왕의 군사력의 승리가 아니었다. 그가 본 점괘의 성취도 아니었다. 에스겔은 선포했다. "너 극악하여 중상을 당할 이스라엘 왕아 네 날이 이르렀나니 곧 죄악의 마지막 때이니라"(겔 21:25). 이스라엘의 죄에 대한 하나님의 심판이었다. 역사의 주인 여호와께서 바벨론을 심판의

---

75) 이학재, 『에스겔 어떻게 읽을 것인가?』(서울: 성서유니온선교회, 2003), p. 150.

도구로 사용하신 것뿐이다. 에스겔 선지자는 점(占)의 무익성을 선포
했다. 하나님은 복술, 점, 무당들의 죄악을 심판하신다.

"네게 대하여 허무한 것을 보며 네게 대하여 거짓 복술을 하는 자가
너를 중상당한 악인의 목 위에 두리니 이는 그의 날 곧 죄악의 마지
막 때가 이름이로다"(겔 21:29).

## | 돌기둥/마체바 |

### 고대 세계의 돌과 돌기둥

〈그림-3〉 돌기둥

하솔의 주상/돌기둥

게셀의 지계표/돌기둥

돌은 항상 종교의 중심 또는 상징성을 내포하고 있다. 전 세계를
막론하고 고대나 현대까지 인간에게 종교성의 상징으로 사용된다.
고대인들은 돌들을 성스러운 존재로, 신의 현현으로 보기도 했다.
각 종족 간에 협약의 증표로 사용되기도 했고 돈으로 사용되기도 했
다. 구멍이 뚫린 돌은 태양이나 성적(性的)인 상징으로 성스러운 존재

로 여겨졌다. 돌은 주술사나 무당들에 의해 주술적인 돌이나 치료석(治療石)으로 사용되기도 했으며 보석의 용도인 귀석(precious stone)으로 사용되기도 했다.

고대 중국에서 비취는 사회적 차원에서 주권과 힘을 구현하는 돌로, 의료적 측면에서는 만병통치약으로 육체의 재생을 위해 먹기도 했으며, 종교적으로는 정령의 음식으로 간주되며 도교 신자는 그것이 불사(不死)를 보증해 준다고 믿었다. 고대의 군주들은 비취를 시체의 부패를 방지하기 위해 진주로 장식한 의복을 비취상자와 함께 매장했는데 그 이유는 우주론적 원인인 양(陽)을 구현했기 때문이다. 왜냐하면 비취는 태양적, 제왕적이며 불멸의 특성 일체를 구비했다고 믿었기 때문이다.[76] 돌 속에는 신(神)이나 권세 있는 영(靈)이 거주한다는 생각은 고대 근동에 팽배해 있던 생각들이었다.

고대 아랍인들도 돌들을 숭배했고, 심지어 이슬람 종교가 생긴 뒤에도 메카의 검은 돌은 계속 그들 종교의 중앙 성전에서 그들이 드리는 예배의 중요한 자리를 차지하고 있었다. 또한 펠로폰네소스 반도의 북부에 있는 아가야 지방의 도시 파라의 장터에 네모진 30개의 돌들마다 신의 이름을 하나씩 붙여서 불렀다.[77] 그리스 아테네의 신전에 돌로 조각된 신들이 있었고, 그 속에 신성(神性)이 들어 있다고 믿었다.

돌 숭배는 전 세계 어디에나 있었다. 호주의 조그마한 뱅크스 제도

---

76) 미르치아 엘리아데, 『종교사 개론』 이재실 역, (서울: 도서출판 까치, 1994), p. 405-406.
77) 프레이저, 『문명의 야만 Ⅱ』 이양구 역, (서울: 강천, 1996), pp. 158-159.

에는 신령(神靈)들을 위해 언제나 음식을 차려 놓은 바윗돌이 있었다. 뉴헤브리디스 제도의 북부에 있는 섬사람들은 독특한 돌을 보았을 때 그 돌 속에 그들을 도와줄 수 있는 힘을 지닌 신령이 틀림없이 내주(內住)하고 있을 것이라고 여겼다.[78) 그들은 그때부터 돌이 자신들을 지켜줄 것이라고 믿고 돌을 숭배하고 예물을 바친다. 그들에게 이제 그 돌은 자연의 일부가 아니라 신성한 돌이며 인간에게 섬김을 받는 신이 되는 것이다.

### 구약의 신앙의 표현

구약에서 사람이 돌로 만들어 세운 "기둥"을 히브리어로 '마체바'라 한다. 고고학적 증거들에 의하면 이스라엘 주변 세계, 특별히 팔레스타인 지역에서 발견된 대부분의 돌기둥에는 그림이나 글이 그려지거나 새겨져 있지 않았다. 가공하지 않은 돌뿐만 아니라 다듬어진 돌로 세워진 경우도 많다.[79) 이스라엘 사람들이 거주했던 장소들에서 제의적으로 사용된 돌기둥이나 비제의적으로 사용되었던 돌기둥들이 많이 발견된다.[80) 특별히 두 개의 돌기둥은 포로기 이전의 예루살렘에서도 발견되었으며[81) 텔 아라드(Tell-Arad)에서는 왕정시대에 사용되었던 성소에서 우상으로 사용된 돌기둥들이 발견되었다.

---

78) 프레이저, *Ibid.*, pp. 160-161.

79) 강성열, 『고대 근동 세계와 이스라엘 종교』(서울: 한들출판사, 2003), p. 237.

80) K.M. Kenyon, *Archaeology in the Holy Land* (London: Ernest Benn, 1985), p.197.

81) K.M. Kenyon, *Ibid.*, p. 295.

구약성경은 긍정적 신앙의 표현으로서 돌기둥과 부정적인 돌기둥인 주상(住像 sacred pillars in pieces)숭배 둘 다 소개한다. 긍정적으로 신앙적 표현으로는 첫째, 야곱이 벧엘에 세운 돌기둥(창 28:18, 22; 31:13, 45, 51-52) 둘째, 모세가 세운 이스라엘의 12지파의 돌기둥(출 24:4) 셋째, 애굽에 관한 경고를 하면서 애굽 땅 중앙에 여호와의 제단과 주변에 세워진 돌기둥이다(사 19:19). 반대로 하나님은 부정적인 우상숭배의 대상인 돌기둥 주상(住像 sacred pillars in pieces)들을 파괴하고, 섬기지 말라고 명령하셨다(출 23:24; 34:13; 레 26:1; 신 7:5; 12:3; 16:22; 왕상 14:23; 왕하 3:2; 10:25-27; 17:10; 18:4; 23:14; 대하 14:2; 31:1; 렘 43:13; 겔 26:11; 호 10:1-2; 미 5:12).

때로 돌기둥은 상호 간 계약의 증표로 사용되기도 한다. 야곱은 돌기둥을 세우고 라반과 상호불가침 계약의 증표로 삼았다(창 31:45). 그리고 야곱은 라헬이 죽었을 때 돌기둥을 세워 묘비로 사용했다(창 35:20).


· **야곱의 돌**

야곱은 벧엘에서 하나님을 만나는 영적 체험을 했다. 야곱은 잠에서 깨어나 베개로 삼았던 돌을 기둥으로 세우고 그 위에 기름을 붓고 "벧엘"이라고 불렀다(창 28:10-22). 야곱은 하란으로 가는 중 벧엘에서 잠을 자다가 꿈에 사닥다리가 하늘에 닿은 것을 보았다. 사닥다리는 일종의 메소포타미아의 지구라트(ziggurat)의 경사로(ramp)와 같은 것이었다. 그것은 당시 제왕적이고 종교적인 모습을 반영하고 있다.

그러나 야곱의 경우 하나님의 메시지를 전달하는 시각적인 수단으로 바뀌었다.[82] 사닥다리는 하나님께서 계시는 하늘과 인간의 땅을 연결했다. 하나님은 사닥다리 위에서 야곱에게 땅과 복을 주실 것과 어디를 가든지 지켜 주시며, 다시 이 땅으로 돌아오게 할 것을 약속하셨다. 잠에서 깨어난 야곱은 "하나님의 집이요 하늘의 문"이라고 고백했고 베개를 삼았던 돌을 기둥(마체바)으로 세워 기름을 부음으로써 거룩한 장소로 구별했다.

### · 모세의 열두 돌

신앙의 돌기둥을 세운 두 번째 사건은 시내산에서 하나님의 율법을 받고 난 뒤였다.

"4.모세가 여호와의 모든 말씀을 기록하고 이른 아침에 일어나 산 아래에 제단을 쌓고 이스라엘 열두 지파대로 열두 기둥을 세우고 5.이스라엘 자손의 청년들을 보내어 여호와께 소로 번제와 화목제를 드리게 하고 6.모세가 피를 가지고 반은 여러 양푼에 담고 반은 제단에 뿌리고 7.언약서를 가져다가 백성에게 낭독하여 듣게 하니 그들이 이르되 여호와의 모든 말씀을 우리가 준행하리이다 8.모세가 그 피를 가지고 백성에게 뿌리며 이르되 이는 여호와께서 이 모든 말씀에 대하여 너희와 세우신 언약의 피니라"(출 24:4-8)

---

82) 월터, 브루거만, *Ibid.*, p. 367.

모세는 시내산에서 들은 여호와의 모든 말씀을 기록했다. 그리고 이른 아침에 일어나 시내산 아래에 제단을 쌓고 이스라엘 열두 지파 대로 열두 기둥(마체바)을 세웠다. 열두 기둥은 이스라엘 전체를 상징했다. 기둥은 이스라엘뿐 아니라 여러 종족들의 종교적 제의에 사용되었다.[83] 계속해서 모세는 이스라엘 청년들을 보내 여호와께 소로 번제와 화목제를 드리도록 했다. 모세는 피의 반을 제단, 반은 언약서를 들고 여호와의 모든 말씀을 준행하기로 서약한 백성들에게 뿌렸다. 이로써 언약은 피로 확정되었다.[84] 모세는 "이 모든 말씀에 대하여 너희와 세우신 언약의 피니라"고 외쳤다(출 24:8).

· **여호수아의 돌**

여호수아도 돌기둥/마체바는 하나님께서 요단강을 건너게 하신 기적을 기억하는 상징물로 사용되었다.

"4.여호수아가 이스라엘 자손 중에서 각 지파에 한 사람씩 준비한 그 열두 사람을 불러 5.그들에게 이르되 요단 가운데로 들어가 너희 하나님 여호와의 궤 앞으로 가서 이스라엘 자손들의 지파 수대로 각기 돌 한 개씩 가져다가 어깨에 메라 6.이것이 너희 중에 표징이 되리라 후일에 너희의 자손들이 물어 이르되 이 돌들은 무슨 뜻이냐 하거든

---

83) Brevard S. Childs, *EXODUS*, (London: SCM Press LTD, 1982), p. 505.

84) Brevard S. Childs, *Ibid.*, p. 505.

7.그들에게 이르기를 요단 물이 여호와의 언약궤 앞에서 끊어졌나니
곧 언약궤가 요단을 건널 때에 요단 물이 끊어졌으므로 이 돌들이 이
스라엘 자손에게 영원히 기념이 되리라 하라 하니라"(수 4:4-7)

하나님은 홍해를 가르고, 마른 땅으로(출 14:21) 이스라엘을 건너게
하신 것 같이 요단강도 가르시고 마른 땅으로 건너게 하셨다(수 3:16-
17). 하나님은 열두 돌이 이스라엘이 요단강을 건넌 표징이라 하셨
다. 후일에 자손들이 돌에 대해 물을 때 하나님께서 요단강을 건너게
하셨다는 것을 가르치라고 말씀하셨다(수 4:7). 여호수아는 길갈에 열
두 돌을 세우고(수 4:8), 요단강 언약궤를 멘 제사장들의 발이 선 곳에
돌 열둘을 세웠다(수 4:9).

### · 사무엘과 돌

"11.이스라엘 사람들이 미스바에서 나가서 블레셋 사람들을 추격하
여 벧갈 아래에 이르기까지 쳤더라 12.사무엘이 돌을 취하여 미스바
와 센 사이에 세워 이르되 여호와께서 여기까지 우리를 도우셨다 하
고 그 이름을 에벤에셀이라 하니라"(삼상 7:11-12)

사무엘은 블레셋과 전쟁에서 승리해 기념비를 세웠다. 사무엘은
돌을 취해 미스바와 센 사이에 세우고 "에벤에셀"(도움의 돌)이라 불렀
다. 전쟁의 승리는 하나님께서 도우셨기 때문에 가능했다. 사무엘은
전쟁 승전 기념비를 세우면서 "여호와께서 여기까지 우리를 도우셨

다.”고 고백했다.

## 우상과 돌기둥

북왕조의 여로보암 1세는 야곱이 하나님을 만났던 벧엘에 황금으로 송아지를 한 마리 만들고 북이스라엘 백성들이 하나님을 떠나 우상을 섬기도록 만든 자였다. 이후 벧엘은 황금송아지를 섬기는 북이스라엘의 성소가 되었다. 벧엘 성소 중앙 제단 곁에는 틀림없이 거대한 입석(立石)이나 석주(石柱)가 있었을 것이다. 참배객들은 그것이 바로 야곱이 베개로 삼았던 돌이라고 믿었다. 그와 같은 신성한 돌들이나 석주들은 고대 가나안 족속들의 성소들과 히브리인들의 성소들에서 나타나는 보편적인 특징들이다. 고대의 ‘산당(山堂)−성소(聖所)’들의 발굴 현장에서 성스러운 돌들이 발견되면서 그 사실이 증명되었다. 고대 가나안 종교에서 돌과 나무 기둥들은 그들의 신들의 상징으로 사용되었다. 하나님은 출애굽한 이스라엘 백성들에게 가나안 땅 원주민들이 섬기는 가나안 종교의 신들인 돌과 나무 기둥들(마체바/ 복수형 마체봇)에 대해 엄중히 경고했다(출 23:23−24).

> “12.너는 스스로 삼가 네가 들어가는 땅의 주민과 언약을 세우지 말라 그것이 너희에게 올무가 될까 하노라 13.너희는 도리어 그들의 제단들을 헐고 그들의 주상을 깨뜨리고 그들의 아세라 상을 찍을지어다 14.너는 다른 신에게 절하지 말라 여호와는 질투라 이름하는 질투의 하나님임이니라”(출 34:12−14; 신 7:5)

"너희는 자기를 위하여 우상을 만들지 말지니 조각한 것이나 주상을 세우지 말며 너희 땅에 조각한 석상을 세우고 그에게 경배하지 말라 나는 너희의 하나님 여호와임이니라"(레 26:1)

"21.네 하나님 여호와를 위하여 쌓은 제단 곁에 어떤 나무로든지 아세라 상을 세우지 말며 22.자기를 위하여 주상을 세우지 말라 네 하나님 여호와께서 미워하시느니라"(신 16:21-22)

하나님은 이스라엘에게 가나안 땅에 들어갈 때 가나안 족속들의 신을 섬기지 말 것, 그들과 언약을 세우지 말 것, 가나안 종교들의 "제단"들을 헐고, "주상"들을 깨뜨리고, 아세라 목상을 찍을 것을 명령하셨다. 신성한 돌들/마체봇(마체바의 복수형)은 가나안의 풍요 종교의 측면에서 다산의 남성을 나타내며 아세라는 풍요의 여신이다.[85] 신성한 장소들은 신성한 돌(마체바) 하나를 세워 놓고 그 곁에 장대를 세운 제단들과 그 곁에 우상들을 세워 놓은 장소들이었다.[86]

하나님께서 깨뜨리라고 하는 주상/마체바는 바알의 상징이었다. 그리고 아세라 목상들은 아세라 여신에게 봉헌된 상징이었다. 하나님은 가나안 종교에 성행했던 우상의 기둥들을 금지하셨다. 그 이유는 가나안 종교와 이스라엘의 여호와 신앙의 혼합을 방지하기 위해서였

85) Eugene H. Merrill, *Deuteronomy*, *Ibid.*, p. 180.
86) J. 리더보스, 『신명기』 최종태 역, (서울: 크리스챤서적, 1992), p. 167.

다.[87] 그러나 이스라엘은 하나님의 명령하셨음에도 불구하고 돌기둥/마체바들을 세워 바알과 아세라를 섬겼다. 가나안 땅을 정복하고 정착한 사사시대부터 왕국시대를 거쳐 남유다의 멸망까지 이스라엘은 돌기둥을 세워 섬겼다. 그러나 남유다의 선한 왕으로 여호사밧, 히스기야, 아사, 요시야는 바알의 주상들과 아세라 목상들을 제거했다.

"1.유다의 여호사밧 왕 열여덟째 해에 아합의 아들 여호람이 사마리아에서 이스라엘을 열두 해 동안 다스리니라 2.그가 여호와 보시기에 악을 행하였으나 그의 부모와 같이하지는 아니하였으니 이는 그가 그의 아버지가 만든 바알의 주상(마체바)을 없이하였음이라"(왕하 3:1-2)

"3.히스기야가 그의 조상 다윗의 모든 행위와 같이 여호와께서 보시기에 정직하게 행하여 4.그가 여러 산당들을 제거하며 주상을 깨뜨리며 아세라 목상을 찍으며 모세가 만들었던 놋뱀을 이스라엘 자손이 이때까지 향하여 분향하므로 그것을 부수고 느후스단이라 일컬었더라"(왕하 18:3-4)

"(히스기야) … 이 모든 일이 끝나매 거기에 있는 이스라엘 무리가 나가서 유다 여러 성읍에 이르러 주상들을 깨뜨리며 아세라 목상들을 찍으며 유다와 베냐민과 에브라임과 므낫세 온 땅에서 산당들과 제단들을 제거하여 없애고 이스라엘 모든 자손이 각각 자기들의 본성

---

87) J. 리더보스, *Ibid.*, p. 273.

기업으로 돌아갔더라"(대하 31:1)

"아사가 그의 하나님 여호와 보시기에 선과 정의를 행하여 이방 제단
과 산당을 없애고 주상을 깨뜨리며 아세라 상을 찍고"(대하 14:2-3)

"(요시야) … 5.옛적에 유다 왕들이 세워서 유다 모든 성읍과 예루살
렘 주위의 산당들에서 분향하며 우상을 섬기게 한 제사장들을 폐하
며 또 바알과 해와 달과 별 떼와 하늘의 모든 별에게 분향하는 자들
을 폐하고 6.또 여호와의 성전에서 아세라 상을 내다가 예루살렘 바
깥 기드론 시내로 가져다 거기에서 불사르고 빻아서 가루를 만들어
그 가루를 평민의 묘지에 뿌리고"(왕하 23:5-6)

그러나 이들의 종교개혁에도 불구하고 왕들과 이스라엘 백성들에
게 가나안 종교는 끊임없는 유혹이었다. 이스라엘은 우상숭배로 인
해 하나님께 멸망의 선고를 들었음에도 우상숭배의 죄에서 벗어나지
못했다. 하나님은 이스라엘이 풍부한 삶을 살수록 오히려 더욱 우상
의 제단들이 많아지며, 그 땅이 번성할수록 우상의 주상들/마체봇을
화려하게 장식한다고 한탄하셨다.

"1.이스라엘은 열매 맺는 무성한 포도나무라 그 열매가 많을수록 제
단을 많게 하며 그 땅이 번영할수록 주상을 아름답게 하도다 2.그들
이 두 마음을 품었으니 이제 벌을 받을 것이라 하나님이 그 제단을
쳐서 깨뜨리시며 그 주상을 허시리라"(호 10:1-2)

"13.내가 네가 새긴 우상과 주상을 너희 가운데에서 멸절하리니 네가 네 손으로 만든 것을 다시는 섬기지 아니하리라 14.내가 또 네 아세라 목상을 너희 가운데에서 빼 버리고 네 성읍들을 멸할 것이며 15.내가 또 진노와 분노로 순종하지 아니한 나라에 갚으리라 하셨느니라"(미 5:13-15)

그러나 하나님은 이스라엘 백성들이 섬기고 있던 우상들을 멸할 것이다. 하나님께서 우상들을 섬기는 제단들을 쳐서 깨뜨리실 것이다. "손으로 만들어진" 거짓된 새긴 우상들과 주상들은 이스라엘 가운데서 멸절하게 될 것이다. 하나님은 우상을 섬기며 순종하지 않았던 이스라엘을 진노와 분노로 갚으실 것을 말씀하셨다.

## | 엘(El)과 바알(Baal) |

### 가나안의 종교

종교는 환경에 대한 인간의 반응으로 나타난다. 자연은 인간보다 강하기 때문에 파괴하거나 유익을 주는 능력을 가진다. 예를 들어 태양, 달, 바다, 지진, 화산, 죽음과 생식 능력이 그것이다. 고대 세계에서는 그러한 능력들을 신들로 인격화하며 섬겼다.[88] 가나안의 바

---

88) 알프레드 J. 허트 · 제랄드 L. 매팅리 · 에드윈 M. 야마우치, 『고대 근동 문화』 신득일 · 김

알 숭배는 사람의 인생과 땅과 곡식, 육축을 양육하는 비에 의존하는 지중해 연안 지역(the Levant)에서 발전했다. 이집트와 메소포타미아와는 달리 지중해 연안 지역은 강수량이 많지 않고 관계시설을 만들 만한 큰 강도 없었다. 가나안 사람들은 자신의 고단한 인생을 의지하기 위해 많은 신을 섬겼다. 그중 최고신 엘(El)은 자폰(Zaphon)산에 거한다고 믿었고, 창조자 엘은 '신들의 어머니'로 불리는 아세라(Asherah)를 아내로 두었다. 엘과 아세라를 통해 70명의 신들이 태어났다고 믿었다.[89] 이러한 가나안의 종교는 사사 시대부터 적어도 바벨론 포로 시대에 이르기까지 이스라엘의 삶과 종교에 침투했다.

> "가나안 종교는 자연력들은 신의 임재와 활동의 표현들이며 사람이 살아남과 번영할 수 있는 유일한 길은 각 현상들을 책임지는 신들을 알아내고 적절한 의식을 통해 그들로 하여금 각자의 능력들을 나태도록 격려하는 것뿐이라는 가정에 기초를 두고 있다."[90]

이스라엘은 이러한 자연을 다스리지만 자연에 지배되고, 능력을 가졌지만 완전하지 않으며, 싸우며, 죽고 다시 부활하는 순환의 신화를 가진 저급한 신들을 섬겼고 전능하신 여호와를 버리는 죄의 역사를 가졌다.

---

백석 공역, (서울: CLC, 2012), p. 243.

89) 토마스 V. 브리스코, 『HOLMAN BIBLE ATLAS 두란노 성서지도』 강사문 외 공역, (서울: 두란노, 2009), p. 95.

90) 유진 H. 메릴, 『제사장의 나라』 곽철호 역, (서울: 기독교문서선교회, 1997), p. 205.

## 엘과 바알

엘(El)은 우가릿 만신전(萬神殿)의 최고신이며, 가나안의 주신(主神)이다. 엘은 강들의 근원에 살며 '신들의 아들들로'로 구성된 회의를 주재하고 고령의 지혜로운 신으로 묘사된다. 엘은 성경의 여호와와 유사하지만[91] 유일신 여호와와 결코 동일하지 않다. 엘은 인간과 신들의 아버지로 생각되어 "아버지 황소"(Father Bull)로 불렸다.

"우가릿에서 발견된 돌 조각에서 엘은 발을 딛고 왕관을 쓰고 앉아 그 앞에 서 있는 제사장 또는 왕을 우호적으로 바라보는 노인의 묘사되어 있다. 엘은 강한 뿔과 두꺼운 흰 구레나룻 수염을 한 황소의 모습으로 상징화되어 있다. 황소는 고대근동 지역 전반에 걸쳐 남성 풍요신의 일반적인 신으로 나타난다."[92]

고대 근동의 모든 신들이 그러하듯 엘도 가족사의 비극의 신화를 가지고 있다. 엘은 자기가 사랑했던 아들을 죽였고, 딸의 머리도 잘랐고 또 다른 아들은 자기의 죽은 아버지에게 희생 제물로 바쳤다. 엘의 두 아들을 낳았던 두 여인은 사막으로 쫓아 버리기도 했다.

---

91) 리차드 S. 히스, 『이스라엘의 종교』 김구원 역, (서울: CLC, 2009), p. 119.
92) 유윤종, "우가릿 만신전과 구약성서" 『구약과 신학의 세계: 박준서 교수 헌정 논문집』 (서울: 한들출판사, 2001), p. 250. 원문은 Cassuto, *The Goddess Anath : Canaanite epics of the patriarchal age / Texts, Hebrew translation, commentary and introd*, translated from the Hebrew by Israel Abrahams, (Jerusalem: Magnes Press : Hebrew University, 1971), pp. 53–57.

〈그림-4〉 엘(El)과 바알(Baal)

엘(El)                바알(Baal)              바알 부조

## 만신전 최고의 신 바알

시간이 지나면서 엘(El)의 위력은 점점 약화되고 바알이 가나안의 주신으로 등장했다. 우가릿 신화에서 엘은 늙어서 성적인 능력을 상실한 신으로 묘사된다. 그러므로 풍요와 다산을 숭배하던 가나안 족속들에게 더 이상 엘은 그 역할을 감당할 수 없었다. 그래서 엘보다 더 젊고 건강하며 풍요와 다산을 상징하는 후계자 신들에게 그 지위가 넘어가는 과정에 있다고 볼 수 있다.[93] 학자들에 의하면 엘은 B.C. 2000년기(年期) 초반에 최고신(最高神)의 지위를 누렸다가 B.C. 1000년기 중반에 들어서면서 폭풍의 신 아두에게 내주었을 것이라

---

93) 유윤종, *Ibid.*, p. 251.

본다.[94]

　마리(Mari)의 하닷은 우가릿에서 바알이 되었다. 우가릿 신화 중 가장 장편인 바알신화는 첫째, 바알이 어떻게 신들 중에 가나안의 최고 신이 되었는지를 보여 주며 둘째, '가나안 땅의 주'였으며, 식물의 신이었던 바알의 죽음과 부활이 '왜 바알제의가, 풍요제의였는가'를 보여 준다.[95] 아낫 토판 3에서 바알(Baal)은 "구름을 타는 자"로 묘사되었다.[96] 이러한 이미지는 폭풍우와 전쟁의 신의 역할을 수행하는 묘사이고, 구름은 바알이 전쟁터로 향해 가는 폭풍신인 바알의 전차를 의미한다고 볼 수 있다.[97] 바알은 엘과 아세라 사이에 태어난 많은 신들 중 하나였으며 비와 식물을 주관했다. 하닷(Hadad)이 폭풍의 신이며, 비와 천둥 번개를 동반한 것처럼 가나안에서 바알도 뇌성(雷聲 천둥의 소리)을 가진 '폭풍의 신'이었다. 바알은 비와 식물을 주관했으며 풍요와 생장의 신, 창조질서의 보존자로 나타나기도 했다.[98]

　시간이 지나면서 바알은 남성의 상징이며 아버지였던 엘을 위협했다. 그리고 얌(Yam=바다)과 나하루(Naharu=강), 무트(Mot=죽음)뿐 아니라 다른 많은 신들과 싸웠다. 신들은 자연의 순환과 관련된 바알의

---

94) 리차드 S. 히스, *Ibid.*, p. 120.

95) 헤르만 만케, *Ibid.*, p. 236.

96) John C. L. Gibson, *Canaanite Myths And Legends*, (Edinburgh: T&T.Clark ltd, 1978), p. 50.

97) P. Miller, *The Divine Warrior In Early Israel*, (Cambridge, Massachusetts: Harvard University Press, 1973), p. 41.

98) S. Mowinckel, *The Psalms in Israel's Worship*, trans. D. R. Ap-Thomas, (New York: Abingdon Press, 1962), p. 241.

역할인 파종과 추수, 비와 가뭄, 삶과 죽음을 놓고 질투에 빠졌다. 여러 신들은 바알이 주권의 상징인 신전을 짓지 못하도록 싸움을 걸어왔다. 하지만 바알은 그때마다 그들의 노력을 좌절시켰다. 바알과 얌의 싸움은 지중해가 거칠어지고 육지의 강물이 불어나는 우기(雨氣)였다.[99] 바알은 나하루와 싸워 승리함으로써 비(雨)가 바다와 강보다 우월하다는 것을 보여 주었다.

바알은 건기(乾期)에 무트와 싸우다가 죽임을 당해 지하 세계로 쫓겨났고, 이때 땅에서 자라던 식물들이 죽게 되었다. 그러나 우기(雨期)가 되면서 바알은 누이 아낫의 도움으로 지하세계에서 풀려나 부활했으며 무트와 싸워 승리했다. 그들의 싸움은 절기와 기근, 생명과 죽음 사이의 미묘한 균열을 암시한다.[100] 바알은 죽음의 신인 무트를 이김으로써 사망 자체를 정복했다. 이후 바알은 모든 대적들을 제압하고 진정한 왕이 되었다. 바알은 거룩한 산 자폰(Zaphon)산 위에 궁전을 지어 통치했으며[101] 가나안의 최고신의 자리에 올라 만신전과 제의를 지배하게 되었다.[102] 바알 신화는 메소포타미아의 죽고 부활하는 식물의 신 도무지의 영향을 받아 죽고 부활하는 신으로 발전했다. 바알도 도무지처럼 지하 세계로 내려가지만 부활하여 다시 지상

---

99) F. R. McCurley, *Ancient Myths and Biblical Faith: Scriptural Transformation*, (Philadelphia: FortressPress, 1984), p. 19.

100) 토마스 V. 브리스코, *Ibid.*, p. 95.

101) H. Ringgren, *Religion of the Ancient Near East*, trans. John Sturdy, (Philadelphia: TheWestminster Press, 1973), pp. 133-134

102) 유진 H. 메릴, 『제사장의 나라』*Ibid.*, pp. 206-207.

세계로 복귀하기 한다.[103]

바알 신화에서 가나안의 농사는 단순한 농사가 아니라 희생제사와 땅에 바알의 말뚝 박기 등을 포함한 제의적인 행위였다. 가나안 사람들에게 바알은 주기적으로 찾아오는 건기(乾期)와 우기(雨期)를 지배하며 풍요를 가져다주는 신이었다.[104] 학자들은 가나안 사람들이 풍요와 다산을 기원하는 가을 신년 축제 때 가나안 신들의 투쟁이 그려진 우가릿의 바알 신화집을 낭송했을 것으로 추측한다.[105] 바알 신화는 여호와를 유일신으로 믿는 이스라엘 민족에게 영향을 주었다. 그들은 가나안 땅에 정착해 농사를 짓게 되면서 바알 종교를 받아들였다.

### 바알과 아낫

바알은 무트로부터 구해준 여동생 아낫(Anat)을 아내로 삼았다. 아낫은 열정과 사랑, 비옥의 여신이며 전쟁의 여신이었다. 때로 가나안 사람들은 아낫을 창녀이자 처녀로 생각하기도 했다.[106] 아낫은 "국가들의 형수", "소녀", "바알의 누이", "숙녀", "산의 숙녀" 등의 지시어로 불리기도 한다. 아낫은 잔혹한 전사이며, 결렬한 투쟁을 좋아해 피와 잘린 팔다리 사이로 걸어 다니는 것을 즐긴다. 아낫은

---

103) 리차드 S. 히스, *Ibid.*, p. 123.

104) 헤르만 만케, *Ibid.*, p. 236.

105) F. R. McCurley, *Ibid.*, p. 20.

106) 알프레드 J. 허트, *Ibid.*, p. 304.

〈그림-5〉 아낫(Anat)

바알의 대적들인 얌, 타닌, 무트, 불 (fire) 등과 대항하여 격렬히 싸우는 여신 으로 묘사 되었다.[107] 아낫의 신전들은 가나안 땅 곳곳에 있었다. 성경에도 "벧 아낫"( 아낫의 집) 이라는 지명이 납달

가나안 아낫(B.C. 13세기)          시리아의 아낫

리(수 19:38; 삿 1:33)와 유다(수 15:59)에 언급된다.


## 바알 종교와 성(性)

바알 종교는 성적 행위와 밀접한 관련성을 가진다. 바알은 비를 주 관하는 신으로 비가 오기 위해서는 반드시 성적 행위가 있어야만 했 다. 가나안 사람들은 바알 신화에서 바알이 생산의 여신인 아세라를 임신시키듯이 땅을 수태시키고 생명으로 잉태하기 위해서는 그의 정 액이 땅에 떨어져야 한다고 믿었다. 그래서 바알 신전에는 반드시 남

---

<hr>

107) 유윤종, *Ibid.*, p. 259.

녀(男女) 신전창기(cultic prostotutes)가 필요했다.[108] 가나안 종교에서 성
(性)은 제의와 그 신(神)들의 영역에 필수적이었다. 가나안 신들은 항
상 자연의 영역을 포함하며 풍요와 관련된다. 바알과 아세라도 풍요
를 가져다주는 신들이다. 가나안 신들의 본성상 남·여라는 성(性)을
가졌고, 성적인 의식을 통해서 경배되었다. 고대 근동에서는 남신(男
神)과 여신(女神)의 에로틱한 관계는 자연계의 소멸(death)과 소생의 부
단한 반복 주기와 깊은 연관성을 가졌다. 해마다 되풀이되는 건기와
우기를 바알의 죽음과 소생이라는 신화적 이야기로 표현했다. 바알
종교는 비옥한 초승달 지대의 불안정한 환경에서 안정을 구하고자
하는 인간의 마음을 채워 주는 종교였다.[109] 인간은 번영을 위해 신
을 섬겼지만, 사실은 우상인 신들을 지배하고자 했던 것이다. 인간
의 지배계급들은 종교를 이용했고, 종교는 하층민들을 지배하고 유
지하는 정치적 구실도 되었다.

　반면에 여호와 하나님은 바알처럼 배우자도 없으며, 인간 세계를
초월하며, 성적인 것을 뛰어넘는 거룩한 하나님이다. 여호와를 섬김
에 있어서 성적인 행위가 제의에 포함되지 않는다. 그래서 여호와는
이스라엘 백성들에게 그러한 우상숭배와 성적행위들을 경고하셨다
(신 23:17-18). 이스라엘 사람들은 여호와 종교와 가나안 종교의 신들
의 개념 차이 때문에 갈등했고 끊임없는 유혹을 받았다.

---

108) 유진 H. 메릴, 『제사장의 나라』 Ibid., p. 207.
109) 버나드 W. 앤더슨, 『구약성서 이해』 강성열·노항규 공역, (고양: 크리스챤다이제스트,
2006), p. 239.

## 바알과 여호와 신앙의 혼합

이스라엘은 가나안 땅에 정착하자 여호와의 신앙과 바알 신앙이
뒤섞이는 혼합종교가 생겨났다. 사사기에 나타나는 기드온의 신상
(삿 8:27)과 미가의 신상(삿 17-18장)은 바알화가 나타나고 있음으로 보
여 준다.[110] 이스라엘은 가나안 땅에 정착하자 이집트에서 구원해주
신 여호와 신앙이 흐릿해졌다(참조, 삿 2:10). 그들은 가나안 땅의 주인
바알을 신으로 섬기기 시작했다. 이스라엘은 가나안을 완전히 정복
하지 못했기 때문에 가나안 족속들과 좋은 관계를 유지했다. 그 결과
가나안 사람들과 그들의 종교는 이스라엘을 유혹했다.[111]

## 바알과 관련된 이름들

바알 종교는 이스라엘처럼 특별히 '여호와의 이름을 두려고' 구별
된 중앙 성소가 있지 않았다. 바알은 신비스러운 장소라 생각되는 곳
이면 어디에서든지 숭배될 수 있었다. 제의 장소들은 대부분 원래 언
덕들('산당'=high place)에 있었고 그 후에는 언덕이 성읍, 마을에도 있었
다. 각 장소에는 장대(pole), 기둥(pillar) 등으로 제의 장소를 구분했다.
바알은 여호와 하나님처럼 어디에나 존재하는 신이 아니었지만 어느
지역에서나 숭배되었기 때문에 반드시 제의장소가 필요했다. 그래서

---

110) 헤르만 만케, *Ibid.*, p.237.
111) 라이너 알베르츠, *Ibid.*, pp. 193-194.

바알의 이름 바알-브올(Baal-Peor), 바알-브릿(Baal-Berith), 바알-세불(Baal-Zebub) 등이 붙은 지명(地名)들이 생겨났다.[112] 또한 바알이 '주인' '소유자' '남편'을 뜻하기 때문에 바알과 함께 붙여진 이름은 우상 바알 신과 관련되거나 바알 신(神) 자체를 의미하며 나타난다.

성경에는 바알과 관련된 많은 이름들이 있다. ❶바알갓(Baal Gad)은 지명으로 '행운의 주'라는 뜻이다. 여호수아가 가나안을 정복할 때 경계를 정할 때 레바논의 골짜기의 바알갓(수 11:7), 헤르몬 산 아래(수 13:5)로 소개했다. ❷바알하난(Baal-Hanan)은 '은총의 소유자'라는 뜻이다. 에서의 후손으로 사울 대신 왕이 된 악볼의 아들 바알하난(대하 1:49-50)과 다윗의 신하 중 하나로 게델 사람 바알하난이 있다(대하 27:28). ❸요셉은 '꿈꾸는 자'였다(창 37:19). '꿈꾸는 자'란 히브리어로 '바알 하하로모트'로 '꿈꾸는 바알/주'이다. ❹바알스본은 '겨울의 바알'이라는 의미로 이스라엘은 출애굽 하여 바알스본 앞 비하히롯 곁에 장막을 쳤다(출 14:2, 9; 민 33:7). ❺바알다말은 '종려(대추야자)의 주인'로 베냐민 지파와 연합지파들이 싸운 장소이다(삿 20:33-36). ❻바알라는 '여주인'의 뜻으로 기럇 바알과 같이 기럇 여아림의 다른 이름(수 15:9; 60; 18:14; 대상 13:6) 남부지역 식그론으로 접어드는 바알라 산이 있다(수 15:11). ❼바알브올은 '넓은 광장의 주인'이라는 의미로 바알의 지방 신(神)중의 하나로 이스라엘은 싯딤에 있는 바알브올에서 모압 여인들과 음행을 저질렀고, 바알을 섬기는 죄악을 범했다(민 25:1-3). ❽바알하몬은 '부의 주'의 뜻으로 솔로몬의 포도원이 바알

112) 유진 H. 메릴, 『제사장의 나라』 Ibid., p. 207.

하몬에 있었다(아 8:11). ❾바알브라심은 '바알을 쳐부순 곳'의 뜻으로 예루살렘 가까운 르비암 골짜기에 있다. 다윗은 블레셋과 싸우기 전 "올라가라 내가 반드시 블레셋 사람을 네 손에 넘기리라"는 하나님의 응답을 받았다. 바알 브라심에 와서 다윗이 "여호와께서 물을 흩음 같이 내 앞에서 내 대적을 흩으셨다"라고 말했기 때문이 그곳 이름을 바알브라심이라 불렀다. 이곳에서 블레셋은 우상을 버렸다(삼하 5:19-21). ❿바알브릿은 '언약의 주'라는 의미로 기드온이 죽자 세겜의 이스라엘 자손들은 바알을 섬기며 음행을 저질렀다. 세겜 사람들은 바알브릿 신전을 짓고 자기들의 신으로 삼았다. 그들은 원수들로부터 구원해 주신 여호와를 기억하지 않았다(삿 8:33-34). ⓫여룹바알은 '바알과 다투다'라는 의미로 기드온이 바알의 제단을 파괴하여 그의 별명이 되었다(삿 6:32). ⓬바알세붑은 '파리의 주'의 의미로 에그론의 신이다(왕하 1:2-3, 6, 16). 신약에서 바리새인들은 예수님을 귀신의 왕 바알세불을 힘입지 않고는 귀신을 쫓아내지 못한다고 비난했다(마 12:24, 27). ⓭이외에 지역의 이름으로 바알하솔은 '하솔의 주인'(삼하 13:23), 바알 살리사(왕하 4:42), 바알므온(대상 5:8), 바알헤르몬(대상 5:28)이 있다.

### 여호와와 바알의 싸움: 누가 우로(雨露)의 주인인가?

여호와와 바알, 누가 참된 신인가의 싸움은 비와 이슬의 전쟁으로 결판났다. 이스라엘은 출애굽을 통해 만나와 메추라기로 먹이시고, 불과 구름기둥으로 인도하시며, 반석에서 물을 내서 먹이시는 하나님을 체험했다. 시내산에서는 영광 중에 임재하셔서 율법을 주신 하나님을 보았다. 이스라엘은 성막에서 여호와께 제사를 드렸으며, 여호와는 성막에 임재하시며, 모세에게 말씀하셨다. 그러나 이스라엘은 가나안 땅에 정착하면서 유목뿐 아니라 농사도 지어야 했다. 가나안 땅에 살고 있던 족속들을 다 쫓아내지 못한 이스라엘, 그들에게 닥친 첫 번째 유혹은 농사와 관련되었다.

하나님은 이미 가나안 족속들을 멸절시키며, 그들과 언약을 세우지 말고, 바알과 아세라, 가나안의 신들을 섬기지 말고, 그들의 산당/신당과 우상들을 파괴하라고 명령하셨다. 그러나 이스라엘은 하나님의 명령에 불순종했다. 그 결과 그들에게 닥친 유혹은 농사의 주인이 누구인가이다. 가나안 족속들은 농사에 가장 중요한 신이 바알과 아세라/아스다롯이었다. 바알은 폭풍과 우레(thunder)의 신이며, 땅의 주이다. 그러므로 가나안 족속들이 가나안 땅에서 농사를 지을 때 풍년을 좌우하는 것은 비와 이슬이었다.

바알을 비와 이슬을 주관하는 고대 근동의 신이었다. 출애굽과 광야에서 인도하신 여호와께서 가나안 땅에 정착한 이스라엘, 농사를 지어야 하는 이스라엘에게 동일한 능력을 발휘하는 하나님이실까? 여호와와 바알의 우로(雨露) 전쟁은 참된 하나님이 누구인가를 정하는 중요한 전쟁이었다.

· **땅의 주인**

여호와는 천지(天地)를 창조셨다(창 1:1). 하나님은 지구의 땅과 바다를 나누셨다. 그리고 모든 식물과 동물, 새, 인간을 창조하셨다(창 1:20-31; 2:7). 천지(天地)를 창조하신 여호와는 하늘과 땅의 주(主)이시다. 하나님은 "토지를 영구히 팔지 말 것은 토지는 다 내 것임이니라 너희는 거류민이요 동거하는 자로서 나와 함께 있느니라"고 말씀하셨다(레 25:23). 여호수아는 가나안 땅에 들어가기 전, 이스라엘에게 여호와를 "온 땅의 주"로 선포했다(수 3:11, 13). 여호수아는 바알이 가나안 땅의 주인이 아니라는 사실을 분명히 한 것이다. 이스라엘 족속들과 가나안 족속들의 싸움은 누가 참된 땅의 주인인가에 대한 전쟁이기도 했다. "하늘과 모든 하늘의 하늘과 땅과 그 위의 만물은 … 하나님 여호와께 속한 것"이다(신 10:14). 시인은 "하나님은 온 땅의 왕이심이라"(시 47:7), "산들이 여호와의 앞 곧 온 땅의 주 앞에서 밀랍 같이 녹았도다"라고 고백했다(시 97:5). 선지자 이사야는 "네 구속자는 이스라엘의 거룩한 이시라 그는 온 땅의 하나님이라 일컬음을 받으실 것이라"(사 54:5), 선지자 미가는 "그들의 재물을 온 땅의 주께 돌리리라"고 선포했다(미 4:13).

### · 우레와 비 그리고 이슬

하나님은 창조주이다. 하나님은 자연 질서를 섭리하신다. 구원을 이루기 위해서 초자연적인 역사들을 일으키신다. 노아의 때는 온 땅을 뒤덮는 거대한 홍수를 일으키셨고, 출애굽 때는 초자연적인 열 가지 재앙을 내리셨다. 하나님은 홍해를 가르실 때도 밤새도록 동풍을 불게 하시므로 바닷물을 가르시고, 바다가 마른 땅이 되게 하셨다(출

14:21). 하나님은 여호수아가 아모리 족속과 싸울 때 태양과 달을 멈추셔서 이스라엘의 승리를 주셨다(수 10:12-13). 하나님은 히스기야의 병을 낫게 하는 증거로 해그림자를 십도 뒤로 물러가게 하셨다(왕하 20:9-11). 하나님은 자연을 움직이시는 자연의 주인이다.

가나안 종교의 바알과 아세라/아스다롯은 풍요를 관장하는 신들이다. 이스라엘이 가나안 땅을 차지하면서 누가 참된 비와 이슬의 주인인가? 여호와인가, 바알인가? 성경은 해답을 내려 준다. 우레와 비, 이슬은 하나님께서 주시며 다스리신다. 하나님은 시내산에서 모세와 만날 때 "우레와 번개와 빽빽한 구름이 산 위"에 있었다(출 19:16). 한 나는 "여호와를 대적하는 자는 산산이 깨어질 것이라 하늘에서 우레로 그들을 치시리로다"라고 찬양했다(삼상 2:10). 사무엘은 이스라엘에게 여호와께서 우레와 비를 보내실 것이라 선포했다. 하나님은 기도에 응답하셔서 우레와 비를 내려 주셨다.

"16.너희는 이제 가만히 서서 여호와께서 너희 목전에서 행하시는 이 큰 일을 보라 17.오늘은 밀 베는 때가 아니냐 내가 여호와께 아뢰리니 여호와께서 우레와 비를 보내사 너희가 왕을 구한 일 곧 여호와의 목전에서 범한 죄악이 큼을 너희에게 밝히 알게 하시리라 18.이에 사무엘이 여호와께 아뢰매 여호와께서 그날에 우레와 비를 보내시니 모든 백성이 여호와와 사무엘을 크게 두려워하니라"(삼상 12:16-18)

욥은 하나님께서 "비 내리는 법칙을 정하시고 비구름의 길과 우레의 법칙을 만드셨음이라"고 고백했다(욥 28:26). 이사야는 "만군의 여호와께서 우레와 지진과 큰 소리와 회오리바람과 폭풍과 맹렬한 불꽃으로 그들을 징벌하실 것"이라고 선포했다(사 29:6). 하나님은 비와 이슬을 내리시며, 다스리신다. 이삭은 야곱에게 한 축복기도에서 "하나님은 하늘의 이슬과 땅의 기름짐이며 풍성한 곡식과 포도주를 네게 주시기를 원하노라"고 했다(창 27:28). 야곱은 축복기도 중 "그 땅이 여호와께 복을 받아 하늘의 보물인 이슬과 땅 아래에 저장한 물"이라고 언급했다(창 33:13). 하나님은 기드온의 양털 시험에 응하시며 처음에 양털 뭉치에 이슬을 내렸고, 다음에는 양털 뭉치 주변 땅에만 이슬을 내렸다(삿 6:37-40). 이사야는 "주의 이슬은 빛난 이슬이니"라 말했다(사 26:19). 우상을 섬기며 범죄한 이스라엘에게 이슬을 그치는 것은 심판이었다. 학개 선지자는 "너희로 말미암아 하늘은 이슬을 그쳤고 땅은 산물을 그쳤으며"라고 선포했다(학 1:10).

하나님은 이스라엘 백성들이 가나안 땅에 들어가 하나님의 말씀에 청종할 때 이른 비와 늦은 비를 적당하게 내려 주시겠다고 약속하셨다(신 11:11-15). 시인은 여호와께서 "안개를 땅 끝에서 일으키시며 비를 위하여 번개를 만드시며 바람을 그 곳간에서 내시는도다"(시 135:7). "그가 구름으로 하늘을 덮으시며 땅을 위하여 비를 준비하시며 산에 풀이 자라게 하시며"라고 고백했다(시 147:8). 하나님은 이사야에게 "네가 땅에 뿌린 종자에 주께서 비를 주사 땅이 먹을 것을 내며 곡식이 풍성하고 기름지게 하실 것이며 그 날에 네 가축이 광활한 목장에서 먹을 것이요"라 말씀하셨다(사 30:23). 예레미야는 "그가 목소리를 내신즉 하늘에 많은 물이 생기나니 그는 땅 끝에서 구름이 오르게 하시며 비를 위하여 번개 치게 하시며 그 곳간에서 바람을 내"

신다고 선포했다(렘 10:13; 51:16). 선지자 스가랴는 "봄비가 올 때에 여호와 곧 구름을 일게 하시는 여호와께 비를 구하라 무리에게 소낙비를 내려서 밭의 채소를 각 사람에게 주시리라"고 선포했다(슥 10:1).

하나님은 우레와 비, 이슬을 가나안 땅에 내리심으로써 이스라엘을 풍요롭게 해 주셨다. 말씀에 순종할 때 하나님은 농사의 풍년과 흉년을 좌우할 "이른 비와 늦은 비"를 주신다. 그리고 식물과 동물들에게 살아가는 데 가장 중요한 이슬도 매일 주신다. 그러나 하나님은 이스라엘이 말씀에 불순종할 때는 축복의 비 대신 "여호와께서 비 대신에 티끌과 모래를 네 땅에 내리시리니 그것들이 하늘에서 네 위에 내려 마침내 너를 멸하리라"고 말씀하셨다(신 28:24).

### · 엘리야와 바알 선지자

아합은 시돈의 왕 엣바알의 딸 이세벨을 왕비로 맞이하면서 수도 사마리아에 바알의 신전을 건축하고 바알을 섬기며 우상에게 예배하였다. 아합은 계속해서 바알의 신전에 아세라 상을 만들어 이전의 모든 이스라엘 왕들보다 더욱 여호와를 노하시게 했다(왕상 16:31-33). 아합이 섬긴 바알은 두로의 공인된 수호신 바알메카르트(Baal-Melkart)였으며 가나안의 자연종교를 페니키아의 형편에 맞게 변용시킨 것이었다.[113] 이제 바알종교는 북이스라엘의 정치·경제와 밀착관계가 되었다. 바알 종교의 광신자였던 이세벨은 아합 왕과 더불어 여호와

---

113) 버나드 W. 앤더슨, *Ibid.*, p. 330.

종교를 말살하려는 정책을 폈다. 그들은 바알 선지자 450명과 아세라 선지자 400명을 고용하고(왕상 18:19) 여호와의 선지자들을 죽였다(왕상 18:3). 그러한 핍박 가운데서도 아합의 궁을 맡은 자 중 여호와를 지극히 경외하던 오바댜는 여호와의 선지자 100명을 50명씩 굴에 숨기고 떡과 물을 주었다(왕상 18:3-5).

아합은 온 국민들에게 바알과 아세라를 섬기도록 했다. 여로보암은 단과 벧엘에 성소를 건축하고 송아지 우상을 만들어 북이스라엘은 우상의 나라로 변질시켰다. 그리고 아합은 북왕조 최초로 왕궁에까지 바알 제단을 쌓고 바알과 앗세라를 섬겼다. 이것은 국가의 종교가 여호와의 종교가 아닌 바알의 종교가 되었다는 것을 의미한다. 종교적으로 혼탁한 그때 디셉 사람 엘리야는 아합에게 가서 "내가 섬기는 이스라엘의 하나님 여호와께서 살아 계심을 두고 맹세하노니 내 말이 없으면 수 년 동안 비도 이슬도 있지 아니하리라"고 선포했다(왕상 17:1). 엘리야가 가뭄을 선포한 것은(왕상 17:1) 비를 주관하는 신(神)은 바알이 아니라 여호와라는 사실을 보여 준다. 가나안 종교에서 비의 주관자는 바알이었다. 그러나 여호와는 온 우주의 창조자이기 때문에 자연의 지배자이다. 비를 내리고 농사를 짓게 하는 신은 바알이 아니라 여호와라는 사실을 선포한 것이다.

기근이 시작되자, 하나님은 엘리야를 시돈 땅 사르밧의 과부에게 보내셨다. 과부는 기근 때문에 먹을 것이 없어 빵 한 조각을 만들어 아들과 먹고 죽으려 했었다. 엘리야는 그녀에게 "나 여호와가 비를 지면에 내리는 날까지 그 통의 가루가 떨어지지 아니하고 그 병이 기름이 없어지지 아니하리라"는 하나님의 말씀을 선포했다. 하나님은 그렇게 기적을 일으켰으며, 죽은 아들도 살려 주셨다(왕상 17:9-23). 사르밧 과부의 기사는 아합에게 선포했던 하나님의 말씀이 진실함을 보여 주며, 생명의 공급자, 기근 중에 살리시는 신은 바알이 아니라 여호와이심을 보여 준다. 이스라엘 전역을 강타한 가뭄 때문에 아합은 엘리야를 만나면서 "이스라엘을 괴롭게 하는 자여 너냐?"고 말했다(왕상 18:17). 엘리야는 이스라엘을 괴롭게 한 것은 아합과 그의 아버지가 여호와의 명령을 버리고 바알들을 따랐기 때문이라고 지적한다(왕상 18:18). 엘리야는 아합이 "바알들"(Baals)을 섬긴 왕의 정책 때문에 일어난 것이라는 사실을 지적했으며 바알의 권한 영역인 다산(多産)[114]의 주관자가 아님을 보여 주는 선포였다.

누가 비와 이슬, 다산을 주관하는 참된 신인가, 여호와인가, 바알과 아세라인가? 엘리야는 갈멜산에서 바알과 아세라 선지자와 대결하기를 요청하면서 백성들에게 오직 여호와만을 섬길 것을 촉구했다. 여호와는 결코 다른 신과 함께 섬김을 받고자 하지 않으며 철저히 자기만을 섬길 것을 강조하는 하나님이심을 분명히 밝히는 것이다.[115]

"엘리야가 모든 백성에게 가까이 나아가 이르되 너희가 어느 때까지 둘 사이에서 머뭇머뭇 하려느냐 여호와가 만일 하나님이면 그를 따르고 바알이 만일 하나님이면 그를 따를지니라 하니 백성이 말 한마디도 대답하지 아니하는지라"(왕상 18:21)

---

114) 버나드 W. 앤더슨, *Ibid.*, p. 332.
115) G. W. 앤더슨, 『이스라엘 역사와 종교』 김찬국 역, (서울: 대한기독교서회, 2005), p. 115.

제단을 쌓고 도랑을 만들고 송아지를 번제물로 바쳐 불로 응답하는 신이 참된 신이다(왕상 18:23-24). 갈멜산에는 아세라 선지자는 보이지 않았다. 바알 선지자 450명이 왔을 뿐이다. 엘리야는 여호와의 제단을 쌓고, 야곱의 아들들의 지파의 수효를 따라 열두 돌을 취하였다(왕상 18:31). 바알 선지자는 제단을 쌓고 의식을 행하며 바알을 불렀으나 불은 내리지 않았다. 정오가 되어 엘리야는 바알 선지자들을 조롱했다. "큰 소리로 부르라 그는 신인즉 묵상하고 있는지 그가 잠깐 나갔는지 혹은 그가 길을 행하는지 혹은 그가 잠이 들어서 깨워야 할 것인지"(왕상 18:29). 바알 선지자는 칼과 창으로 피를 흘리도록 몸을 상하게 했다. 그러나 응답은 없었다. 드디어 엘리야의 차례. 저녁 소제를 드릴 때 하나님께 간구했다.

> "36 저녁 소제 드릴 때에 이르러 선지자 엘리야가 나아가서 말하되 아브라함과 이삭과 이스라엘의 하나님 여호와여 주께서 이스라엘 중에서 하나님이신 것과 내가 주의 종인 것과 내가 주의 말씀대로 이 모든 일을 행하는 것을 오늘 알게 하옵소서 37 여호와여 내게 응답하옵소서 내게 응답하옵소서 이 백성에게 주 여호와는 하나님이신 것과 주는 그들의 마음을 되돌이키심을 알게 하옵소서 하매"(왕상 18:36-37)

엘리야의 기도가 끝나자 하나님은 불을 내리셨다. 모든 백성들은 엎드려 "여호와 그는 하나님이시로다 여호와 그는 하나님이시로다"라고 고백했다(왕상 18:39). 살아 계신 하나님의 승리였다. 엘리야는 바알 선지자들을 잡아 기손 시내에서 죽였다(왕상 18:40). 그러나 이것으로 끝나지 않았다. 여호와와 바알의 싸움은 비와 이슬을 내리는 참된 신이 누구신가의 싸움이었다.

하나님의 명령 때문에 3년 동안 우로(雨露)가 내리지 않았다. 바알은 가나안 사람들에게 비와 폭풍을 주관하는 신으로 섬김을 받았다. 그러나 3년 동안 가뭄은 바알이 거짓 우상이라는 사실만 증거 해 줄 뿐이었다. 하나님의 말씀대로 3년이 지나갈 쯤 하나님은 엘리야에게 "너는 가서 아합에게 보이라 내가 비를 지면에 내리리라"고 말씀하셨다(왕상 18:1). 그리고 갈멜산 전투에서 승리하신 하나님은 지중해에서 손바닥만 한 구름을 일으키시더니 구름과 바람이 일어나고 하늘이 캄캄해지면서 큰 비가 내리게 되었다. 아합은 마차를 타고 이스르엘로 갔다(왕상 18:44-45). 비를 내리시며 생명을 주시는 신은 오직 여호와셨다.

## | 아세라(Asherah)와 아스다롯(Ashtarte) |

### 성경 외의 자료의 아세라

아세라(Asherah אֲשֵׁרָה)는 고대근동 지방에서 다양한 이름을 가진 여신(女神)이었다. 아카드 지역에서는 아세라가 아슈라툼(Ashratum)였다. 우르(Ur) 제3왕조의 신들 목록에 처음 등장하며 바벨론 제1왕조의 문헌에서는 아무루(Amurru) 신의 배우자로 소개되며 때로는 바벨

론의 어머니 여신 닌마흐(Ninmah)와 동일시되기도 한다.[116] 힛타이
트에서 아세라는 아셰르투(Ashertu), 우가릿의 엘에 해당하는 엘쿠니
르샤(Elkunirsha) 신의 배우자로 나타나기도 한다.[117] 몇몇 본문에서
는 아티랏(Athirat)과 아스타르테(Ashtarte), 아세라(Asherah)가 다른 여신
으로 소개되기도 하지만 대부분 동일한 여신으로 등장한다. 성경에
는 아스다롯(Ashtoreths)과 아세라 두 이름만을 서로 교차해 사용한다.
아세라의 가장 완전한 정보는 우가릿 문헌(Ugarit texts)이다. 아세라
는 특히 바알 신화집(Baal Cycle)에 가장 많이 등장하는 특정 여신인 아
티랏(Athirat)이며 엘의 배우자, 바알을 포함한 70여 신들의 어머니로
나타난다. 바알은 '아티랏의 아들'로 불리거나 가나안 지역의 신들이
'아티랏의 70 아들들'이라고 불리기도 했다. 아티랏은 자신의 딸 아
낫(Anat)과 함께 신들과 방백들의 양육자, 엘(El)의 여성 형태인 엘랏
(Elat)으로 표기되기도 했다.[118]


## 구약성경의 아세라

아티랏(Athirat)이 성경의 아세라라는 사실은 우가릿 문헌에서 모든
신들의 어머니 역할을 했다는 점과 성경에서 아세라가 하늘의 천군
(하나님의 아들들)과 나란히 언급된다는 점에서 입증된다.[119] 구약에서

---

116) 강성열, *Ibid.*, p. 202.

117) 강성열, *Ibid.*, p. 204.

118) 강성열, *Ibid.*, p. 202.

119) 리차드 S. 히스, *Ibid.*, p. 120. 성경으로 "그들의 하나님 여호와의 모든 명령을 버리고

아세라는 여신의 이름을 뜻하는 경우와 제의 상징물을 뜻하는 경우로 나뉜다.[120]

첫째, 여신의 이름으로 아세라는 B.C. 2000년대 말기까지는 엘(El)의 아내로, B.C. 2000년대 말기부터는 폭풍의 신 바알이 가나안 만신전의 최고신이 되면서 자연스럽게 바알의 아내로 바뀌게 된다. 이러한 경향은 우가릿 문헌에서 아세라는 바알의 선전 건축에 기여해 바알의 왕권 확립에 기여했으며 바알과 아세라가 부부로 나타나는 것으로 알 수 있다.

둘째, 아세라가 제의 상징물로 나타날 때는 주로 풍요와 연관되며 성스러운 기둥(아세라 목상), 나무들(푸른 나무들)이 아세라의 상징이었다.[121] 모세는 가나안 땅을 점령할 때 아세라 목상(기둥)을 없애라 명령했다(신 7:5; 16:21).

"오직 너희가 그들에게 행할 것은 이러하니 그들의 제단을 헐며 주상

자기들을 위하여 두 송아지 형상을 부어 만들고 또 아세라 목상을 만들고 하늘의 일월성신을 경배하며 또 바알을 섬기고"(왕하 17:16)과 "그때에 새벽 별들이 기뻐 노래하며 하나님의 아들들이 다 기뻐 소리를 질렀느니라"(욥 38:7)는 말씀이 그 예이다.

120) 강성열은 첫째, 여신의 이름을 뜻하는 경우를 "바알들과 아세라를 섬긴지라"(삿 3:7), "아세라의 가증한 우상"(왕상 15:13), "아세라의 선지자"(왕상 18:19), "아로새긴 아세라 목상"(왕하 21:7), "바알과 아세라"(왕하 23:4), "아세라를 위하여"(왕하 23:7), "아세라의 가증한 목상"(대하 15:16) 등으로 둘째, 제의 상징물을 뜻하는 경우를 아세라 상(像) 또는 목상(木像), 제단에 있는 아세라, 바알과 아세라 등을 만들었음을 지적할 때와 아세라 목상을 찍어 버리거나 불살라 버리라는 말씀이 이에 속한다(출 34:13; 신 7:5; 12:3; 16:21; 삿 6:25, 26, 28, 30; 왕상 14:15, 23; 16:33; 왕하 17:10, 16; 18:4; 21:3, 6, 14, 15; 대하 14:3; 17:6; 19:3; 24:18; 31:1; 33:3; 33:19; 34:3, 4, 7; 사 17:8; 27:9; 렘 17:2; 미 5:14 등). 강성열, Ibid., pp. 205-206.

121) 알프레드 J. 허트 외 2인, Ibid., pp. 302-303.

을 깨뜨리며 아세라 목상을 찍으며 조각한 우상들을 불사를 것이니
라"(신 7:5)

"네 하나님 여호와를 위하여 쌓은 제단 곁에 어떤 나무로든지 아세라
상을 세우지 말며"(신 16:21)

아세라는 사람의 손으로 만들고(왕하 14:15; 16:33; 왕하 17:6; 21:3, 7;
사 17:8), 세우고(왕상 14:23; 왕하 17:10), 심는 것(신 16:21)으로 나타난
다.122) 아세라는 "아세라 목상"(木像)123) 으로 표현되듯이 나무로 만
들어졌다. 아세라는 나무로 만든 기둥 형태의 제의 상징물을 가리키
며 사사기 6:26절은 아세라 상이 나무로 만든 것임을 분명히 밝힌다.
아세라는 잘라 내거나(신 7:5; 대하 14:3; 31:1), 베어 내는 것(출 34:13; 삿
6:25; 왕하 18:4; 23:14), 뽑거나(미 5:14) 넘어뜨리고(대하 34:7), 불태우는
(신 12:3; 삿 6:26; 왕하 23:6, 15) 것으로 나타나며 나무 기둥에 조각 장식
을 하는 경우도 있다(왕하 21:7).124) 북이스라엘 아합 왕의 아내 이세
벨은 율법을 어기고 사마리아 성에 바알의 신전 안에 아세라 목상을
만들었으며(왕상 16:33), 므낫세는 바알을 위하여 단을 쌓으면서 아세
라 목상을 함께 만들었다(왕하 21:3).125) 그러나 요시야는 B.C. 621년

---

122) 강성열, Ibid., p. 212.

123) 왕상 14:15, 23; 16:33; 왕하 17:10, 왕하 17:16; 18:4; 21:3, 7; 23:14, 15; 대하
15:16,; 17:6; 19:3,; 24:18; 31:1; 33:3; 33:19; 34:3, 4, 7; 미 5:14

124) 강성열, Ibid., pp. 212-213.

125) 강성열, Ibid., pp. 207-208.

종교개혁을 통해 아세라의 제의를 제거했다(왕하 23:4).

고대 근동의 신들은 그 역사와 함께 존재했다가 사라지며 나라마다 섬기는 주신(主神)들이 변화된다. 아세라도 동일했다. 구약에는 우가릿 전승처럼 아스다롯(Ashtoreth)의 단수형(왕상 11:5, 33; 왕하 23:13)과 복수형 아스다롯(Ashtoreths)으로 나타난다(삿 2:13; 10:6; 삼상 7:3-4; 12:10; 31:10). 성경은 아세라와 아스다롯이 서로 바뀌는 현상이 나타난다. 바알의 배우자로 "바알과 앗세라들"(삿 3:7), "바알과 아스다롯"(삿 2:13), "바알들과 아스다롯"(삿 10:6; 삼상 7:4; 12:10) 등의 표현들은 융합의 과정을 보여 준다. 70인역이 단수형 아세라(אשרה)를 아스타르테(Ασταρτη, 대하 15:16)로, 복수형 아세림(אשר)을 아스타르타이(Ασταρται, 대하 24:18)로 번역한 이유도 동일하다.[126] 성경에는 아낫은 바알의 배우자로 나타나지 않는다. 단지 '아낫의 아들 삼갈'이라는 인명(삿 3:31)이나 '벤 아낫'(수 19:38), 아나돗(Anathoth, 수 21:18; 왕상 2:26; 사 10:30; 렘 1:1; 11:21, 23; 32:7-9 등)[127] 등의 지명으로만 나타난다.

아세라를 섬기는 신전과 제단은 사마리아, 벧엘, 예루살렘에 있었다(왕상 14:23, 16:33; 왕하 23:4). 가나안 종교는 출산과 관련해 이스라엘에 많은 영향을 미쳤다. 가나안 사람들은 남성과 여성이 성관계를 맺는 의식을 가졌는데 이 의식은 이스라엘에게도 전해졌다(왕하 23:7; 호 4:10-14). 가슴이 부각된 여성의 나신상이 이스라엘의 유적지에서 자주 발굴되는데 학자들은 아세라나 아스다롯, 출산을 상징하는 두 여

---

126) 강성열, *Ibid.*, p. 210.
127) 강성열, *Ibid.*, p. 209.

신이었을 것으로 추정한다.[128]


## 바알과 아세라 종교의 유혹 이유들

이스라엘은 종 되었던 이집트에서 인도하신 여호와만을 사랑하며 섬겨야 한다. 하나님은 시내산 율법을 순종하는 백성들에게 복과 번영을 주시기로 약속하셨다. 이스라엘은 출애굽 하여 40년 동안 광야 생활을 했다. 광야는 유목 생활을 의미했다. 그러나 가나안 문화는 농경문화이다. 농경문화에서 중요한 신은 바알이었다. 여러 신들을 섬기는 가나안 족속들의 입장에서 이스라엘에 섬기는 여호와를 섬긴다는 것은 문제가 되지 않았다. 왜냐하면 수호신을 하나 더 확보하는 셈이며, 풍성한 수확을 가져다주는 기존의 신들과 달리 여호와는 이스라엘 민족을 이집트에서 탈출시키는 과정에서 그의 강력한 힘을 보여 주었기 때문이다.

그러나 가나안 족속들에게 확신할 수 없는 사실은 광야를 떠돌던 반유목민에게 강력한 힘을 발휘했다고 해서 '여호와가 가나안 농경문화에서도 같은 영향을 미칠 수 있을까'였다.[129] 이스라엘이 가나안 땅에 들어갔을 때 영적 싸움은 '누가 참된 하나님이냐'였다. 그러나 이스라엘은 참되신 여호와를 떠나 가나안 족속들의 거짓된 신들을 섬겼다. 우상을 섬기며 영적, 도덕적 타락을 범했다. 가나안 종교

---

128) 토마스 V. 브리스코, *Ibid.*, p. 95.

129) 존 드레인, 『성경의 탄생』 서희연 역, (경기: 도서출판 옥당, 2013), p. 164.

는 이스라엘 족속들을 유혹했다.

## · 성적 타락

하나님은 성전에 메소포타미아와 가나안 종교에 있었던 신전 창기를 금하셨다. 신전 창기(temple prostitute)들은 가나안의 풍요의 신들인 바알과 아세라/아스다롯을 대신하여 예배자들과 성적 관계를 맺는 자들이었다. 하나님은 가나안의 종교의 신전 창기의 문제를 가증한 매음/음행의 문제로 여기셨다. 음행은 이스라엘 역사 속에서 끊임없이 이스라엘을 유혹한 문제였다. 음행은 성적인 범죄뿐 아니라 우상을 섬기는 문제였기 때문에 심각한 문제였다. 그러나 가나안 종교의 신전 창기는 사사 시대부터 이스라엘 왕국 때까지 지속적으로 행해져 왔다. 이스라엘 왕국 시대에는 왕권의 비호를 받으며 합법적으로 자행되었다.

> "17.이스라엘 여자 중에 창기(娼妓)가 있지 못할 것이요 이스라엘 남자 중에 남창(男娼)이 있지 못할지니 18.창기가 번 돈과 개 같은 자의 소득은 어떤 서원하는 일로든지 네 하나님 여호와의 전에 가져오지 말라 이 둘은 다 네 하나님 여호와께 가증한 것임이니라"(신 23:17-18)

> "이스라엘의 딸들은 아무도 성소에서 몸을 파는 여자가 되지 못하고 이스라엘의 아들들은 아무도 성소에서 몸을 파는 남자가 되지 못한다."(공동번역, 신 23:17)

"또 여호와의 성전 가운데 남창의 집을 헐었으니 그 곳은 여인이 아세라를 위하여 휘장을 짜는 처소였더라"(왕하 23:7)

"44.여호사밧이 이스라엘의 왕과 더불어 화평하니라 45.여호사밧의 남은 사적과 그가 부린 권세와 그가 어떻게 전쟁하였는지는 다 유다 왕역대지략에 기록되지 아니하였느냐 46.그가 그의 아버지 아사의 시대에 남아 있던 남색하는 자들을 그 땅에서 쫓아내었더라"(왕상 22:44-46)

가나안의 바알과 아세라(=아스다롯), 다곤(Dagon) 신들은 반드시 산당의 예배에서 음행이 동반되었다. "남색하는 자"(the male shrine prostitutes), "신전창기", "제의 매춘부" 등으로 불리는 자들이 바알종교에 있어 중요한 제의적 역할을 했다. 바알과 아세라 신전의 매춘제의는 바알 신화에 근거한다. 바알신화에서 바알은 모트에게 패해 지하세계로 쫓겨났을 때 그의 여동생 아낫(Anat)의 충고로 죽은 자의 영역 가까운 곳에서 한 마리의 암소와 성적인 교접을 77번 혹은 88번을 하고 사내아이를 낳았다.[130] 이후 아낫은 바알의 아내가 되어 1,000번의 성관계를 맺고 자녀를 낳았다.[131] 암소는 아낫을 상징하며 바알과 아낫의 성적인 결합을 통해 풍요를 가져다주는 제의의식이 발생했을 것으로 보인다. 하나님은 가나안 족속의 신들을 섬기지 말 것을 말씀

---

130) C. Gordon, *Ugaritic Literature A Comprehensive Translation of the Poetic and Prose Texts* (Rome: Pontificium Institutum Biblicum), 1949

131) C. Gordon, *Ibid.*, 53, text 132.

하실 때 "음란" 즉, 매춘행위에 대해 경고하셨다.

"15. 너는 삼가 그 땅의 주민과 언약을 세우지 말지니 이는 그들이 모든 신을 음란하게 섬기며 그들의 신들에게 제물을 드리고 너를 청하면 네가 그 제물을 먹을까 함이며 16. 또 네가 그들의 딸들을 네 아들들의 아내로 삼음으로 그들의 딸들이 그들의 신들을 음란하게 섬기며 네 아들에게 그들의 신들을 음란하게 섬기게 할까 함이니라"(출 34:15-16)

"그들은 전에 음란하게 섬기던 숫염소에게 다시 제사하지 말 것이니라"(레 17:7)

"몰렉을 음란하게 섬기는 모든 사람을 그들의 백성 중에서 끊으리라"(레 20:5)

"이방신들을 음란히 쫓아 나를 버리고"(신 31:16)

"에봇을 … 음란하게 위하므로"(삿 8:27)

"바알들을 음란하게 위하고"(삿 8:33)

"여호람이 또 유다 여러 산에 산당을 세워 예루살렘 거민으로 음란하듯 우상을 검기게 하고"(대하 21:11)

"그들이 음란한 마음으로 나를 떠나고 음란한 눈으로 우상을 섬겨"(겔 6:9)

"네가 이 음란과 네 모든 가증한 일을 다시는 행하지 아니하리라"(겔 16:43)

"산 위에서 제물을 먹는 자도 있었으며 네 가운데에 음행하는 자도 있었으며"(겔 22:9)

"네가 음란하게 이방을 따르고 그 우상들로 더럽혔기 때문이로다"(겔 23:30)

고대 가나안 지역에서 결혼 적령기가 된 여자들은 장래의 남편에게 다산(多産)을 보증하기 위해 신전에 있는 풍요의 여신을 대표하는 남자 신전 창기와 성관계를 맺는 경우가 많았다. 신전 창기와 성관계를 맺은 여성은 더 이상 처녀가 아니며 풍요의 세력권 내에 있음을 나타내는 표식을 가지게 되었다. 남자들은 신전 제의를 거친 여자를 신부로 맞이했다.[132] 그러나 이러한 가나안 종교에서 만연했던 신전 창기들과의 음란 행위들은 하나님께 죄악이었다. 호세아 선지자는 가나안 종교 제의에 나타나는 음란 행위들이 이스라엘에서 자행되고 있다고 강력히 지적했다.

"10.그들이 먹어도 배부르지 아니하며 음행하여도 수효가 늘지 못하니 이는 여호와를 버리고 따르지 아니하였음이니라 11.음행과 묵은 포도주와 새 포도주가 마음을 빼앗느니라 12.내 백성이 나무에게 묻고 그 막대기는 그들에게 고하나니 이는 그들이 음란한 마음에 미혹되어 하나님을 버리고 음행하였음이니라 13.그들이 산꼭대기에서 제사를 드리며 작은 산 위에서 분향하되 참나무와 버드나무와 상수리나무 아래에서 하니 이는 그 나무 그늘이 좋음이라 이러므로 너희 딸들은 음행하며 너희 며느리들은 간음을 행하는도다 14.너희 딸들이 음행하며 너희 며느리들이 간음하여도 내가 벌하지 아니하리니 이는 남자들도 창기와 함께 나가며 음부와 함께 희생을 드림이니라 깨닫지 못하는 백성은 망하리라 15.이스라엘아 너는 음행하여도 유다는

---

132) 강성열, *Ibid*., pp. 146-147.

죄를 범하지 못하게 할 것이라 너희는 길갈로 가지 말며 벧아웬으로 올라가지 말며 여호와의 사심을 두고 맹세하지 말지어다 16.이스라엘은 완강한 암소처럼 완강하니 이제 여호와께서 어린 양을 넓은 들에서 먹임 같이 그들을 먹이시겠느냐 17.에브라임이 우상과 연합하였으니 버려두라 18.그들이 마시기를 다 하고는 이어서 음행하였으며 그들은 부끄러운 일을 좋아하느니라"(호 4:10-18)

이스라엘은 가나안 종교의 음행에 빠졌다. 호세아는 두 가지 음행을 경고했다. 거룩한 이스라엘 백성들이 성적으로 타락한 죄를 지적했고, 신부인 이스라엘이 가나안의 바알을 남편으로 여기며 진정한 남편이신 하나님을 버린 것이다. 호세아 선지자는 이스라엘이 가나안의 우상들에게 드리는 제의에서 딸들과 며느리들이 간음한다고 경고했다. 여호와를 떠난 남자들도 가나안 종교의 창기들과 함께 나가고 음부와 함께 희생을 드렸다. 호세아는 하나님을 떠나 음행을 해도 깨닫지 못하는 자들은 망할 것이라고 강력히 경고했다.

· **풍요와 다산**

여호와는 세상을 창조하셨다. 하나님은 창조하신 세계의 자연현상과 법칙을 주관하신다. 삼위(三位) 하나님은 인간을 창조하시며 "바다의 물고기와 하늘의 새와 가축과 온 땅에 기는 모든 것을 다스리게" 할 것을 계획하셨다(창 1:26). 하나님은 인간들에게 복(福)을 주시며 "생육하고 번성하여 땅에 충만하라 땅을 정복하라 바다의 물고기와 하늘의 새와 땅에 움직이는 모든 것을 다스리라"고 명령하셨다(창 1:28). 하나님의 문화명령(Cultural Mandate)이었다. 하나님은 아담을 에덴동산에 두어 그것을 경작하며 지키게 하셨다(창 2:15). 창조의 목적에서 자연은 인간에게 두려움의 존재가 아닌 다스리고 관리해야 할 대상이었다. 하나님은 인간을 자연을 관리하는 청지기로 삼으셨으며 자연을 조화를 이루는 존재로 창조하셨다. 아담은 자연의 일부(一部)인 흙으로 창조되었다(창 2:7). 하나님은 인간에게 풍요(豐饒)를 주신다. 인간은 하나님께서 창조하신 자연 속에서 풍요를 누리며 생육하고 번성하는 다산(多産)의 은혜를 받았다.

그러나 아담의 범죄 이후 흙으로 창조된 인간은 죽음과 함께 흙으로 되돌아가게 되었고(창 3:19), 자연과 인간의 조화는 깨졌다. 아담과 하와의 범죄로 땅은 효력을 잃었으며 땅은 저주를 받았다. 인간은 땀을 흘리는 수고를 해야 땅의 소산을 먹을 수 있게 되었다(창 2:17). 타락의 결과 자연은 인간에게 두려움이 되었고, 인간은 욕망을 채우기 위해 자연을 이용하며 파괴했다. 아담의 범죄 이후 자연은 변화되었고 노아홍수는 더욱 지구를 격변시켰다.

인간의 일상생활은 자연과 밀접하게 관계를 가졌다. 자연의 변화는 인간의 생활에 직접적 영향을 미쳤다. 풍요로운 자연은 풍요로운 인간의 삶을 결정했고, 태풍, 가뭄, 홍수 등 자연의 영향은 인간에게 고통을 안겨다 주었다. 아담의 범죄 이후 인간은 웅장하고 변화무쌍(變化無雙)한 자연 앞에 나약했고, 자연 앞에 굴복되어 자연을 경배의 대상으로 섬기게 되었다.

신들은 혼돈과 죽음의 세력들을 쳐부수고 이 세계를 존재하기도 했지만, 여름철마다 가뭄을 몰고 와 자연을 시들게 하는 존재들이었다. 신들은 죽기도하고 지하 세계에서 혼돈의 세력들과 투쟁을 벌이다가 최후에 승리하여 부활하고 승리하는 신화(神話)들을 만들어 냈다.[133] 이집트의 신들은 모두 풍요와 다산, 질병, 그리고 자연과 연관된 신들이다. 가나안 땅의 주(主) 신들인 바알과 아세라도 또한 자연과 연관된 신들이었다.

## | 바벨론의 마르둑(Marduk) |

〈그림-6〉 마르둑

마르둑 부조                    마르둑과 그의 용

---

133) C. F. 화이틀리, 『고대 이스라엘 종교의 독창성』 김병학 외 공역, (서울: 분도출판사, 1981), pp. 70-71.

마르둑의 탄생과 바벨론의 최고신이 되는 과정은 바벨론의 창조신화 『에누마 엘리쉬』(Enuma Elish)에 기록되었다. 아무것도 창조되기 전에 담수의 신 압수(Aps Apsû)가 있었다. 압수는 신들의 아버지로 처음부터 숨을 고르고 있었다. 그리고 생명을 주는 어머니는 모든 신들을 장차 낳을 염수의 여신 티아맛(Tiamat)이 있었다. 압수와 티아맛은 결혼하였고, 그들 사이에서 '전쟁의 남신' 라흐무(Lahmu), '전투의 여신' 라하무(Lahamu)가 태어났다.

그리고 '하늘의 패배자'라고도 일컬어지는 안샤르(Anshar), '가장 견고한 땅'으로 일컬어지는 키샤르(Kishar)가 태어났다. 이 둘은 먼저 태어난 둘보다 월등히 강한 능력의 신들로 태어났다.[134] 안샤르와 키샤르는 '하늘의 신' 아누(Anu)를 낳았다. 아누는 자신의 형상을 따라 '지혜의 신' 누딤뭇(Nudimmud 또는 에아 Ea)을 낳았다. 그러나 압수는 티아맛의 자녀들이 찬방지축으로 소란을 일으키자 그들을 없애 버릴 계획을 세웠다. 이를 알게 된 '지혜의 신' 에아/엔키는 주문을 외워 압수를 깊은 잠에 빠지게 한 후 그를 죽이고 힘의 왕관을 탈취했다. 에아[135]는 아내 담키나(Damkina)와 결합하여 '폭풍우의 신' 마르둑을 낳았다.[136]

---

134) 김산해, 『신화는 수메르에서 시작되었다』(서울: 가람기획, 2003), pp. 98. 100.

135) 바벨론의 아카드어로 수메르의 '하늘의 신' 안(An)을 '아누'(Anu). 엔릴(Enlil)을 '엘릴'(Ellil), 엔키(Anki)를 '에아'(Ea)라고 부른다.

136) 유정섭, 『구약에 기록된 바다의 다층적 의미 연구 —고대근동 문헌에서의 신화적 바다와의 비교연구—』 아세아연합신학대학교 대학원 박사학위논문, 미간행, 2007, p. 38. William W. Hallo and K .Lawson Younger Jr, *The Context of Scripture* vol. 1 (Leiden: Brill, 1997). pp. 391

79.운명의 왕궁에서 숙명의 거처에서

80.신들 중에서도 가장 강하고 현명한 신이 태어났다.

　　압수의 중심부에서 마르둑 신이 형성되었으며

　　신성한 압수의 중심부에서 마르둑이 창조되었다.

　　마르둑을 낳은 아버지는 에아였고

84.그를 해산한 어머니는 담키나(Damkina)였다.

　　……

89.그의 할아버지 아누가 그를 보았을 때

90.그는 행복했으며 기쁨으로 빛났으며 그의 마음은 환희로 가득 찼다.

91.에아는 마르둑을 완전하게 만들었기에 그의 신성은 미지의 것이었다.

　　마르둑의 키는 보통보다 훨씬 컸으며 다른 모든 이보다 위로

　　솟았다.

　　그의 신체구조는 너무나도 정교하게 형성되었기에 인간은 도저

　　히 이해할 수 없었다. 인간은 상상할 수 없는 체구였고 이해하기

　　어려운 그런 체구였다.

95.마르둑은 눈이 네 개였고 귀도 네 개였다.

96.그가 입술을 움직이면 입에서 불이 튀어나왔다. [137)]

　　고대 바발론의 초기 B.C. 1755년경 역사상 가장 오래된 법전인『함
무라비 법전』서문에 마르둑이 거명되었다.

---

137) 유정섭, *Ibid.*, p. 39.

"아눈나키 큰 신들의 왕, 나라의 운명을 결정하는 분, 훌륭한 아누 (하늘 신)와 하늘과 땅의 주인 엘릴은 에아의 첫째 아들 마르둑에게 온 누리의 주권을 결정해 주었다. 이기기 신들 중에 그를 위대하게 만들었으며 '신들의 문(babili)'(이라는) 훌륭한 그 이름을 불렀다."138)

바벨론의 서서시『에누마 엘리쉬』는 엔키(에아)의 아들로 태어난 마르둑(Marduk)이 고대 바벨론의 만신전(pantheon)에서 가장 높은 위치를 차지한 신이 되기까지의 과정을 기록했다. 마르둑은 '태양의 송아지', 바벨론의 수호신, 지하수 신의 아들로 '운명을 결정하는 일곱 신'의 계보에 등장했다. 고대 바벨론에서 일곱 신들은 각각 지배하는 영역이 있었으며 우주의 별들을 상징했다. 마르둑이 바벨론의 최고의 신이 되는 과정은 첫째, 마르둑은 운명을 결정하는 일곱 신들의 최고 의회에 소개되었고 둘째, 신들 중에서 마르둑의 위치가 확정되었다. 셋째, 고대 메소포타미아의 중심지가 바벨론이 되면서 바벨론의 수호신 마르둑이 최고의 신으로 확정되었다.139)

마르둑은 자신의 적수인 바다를 상징하는 괴물 티아맛(Tiamat, 용)과 그녀의 군대와 전쟁을 벌였다. 그리고 티아맛을 죽여 시신을 반으로 갈라 위쪽은 하늘과 창공, 해와 달, 별들로 세우고 아래쪽은 땅과 바다를 만들어 초목이 자라나게 했다. 계속해서 마르둑은 세상을 만든 다음 사람을 만들어 냈다. 마르둑은 자신을 위해 바벨론에 지구라

---

138) 조철수, 『메소포타미아와 히브리 신화』(서울: 도서출판 길, 2000), p. 204.
139) 조철수, Ibid., p. 206.

트를 쌓게 했으며 그 옆에 마르둑의 신전을 건축하도록 했다. 그리고 『에누마 엘리쉬』 서사시는 모든 신들이 마르둑의 신전에 초대되어 축제를 벌이고, 마르둑에게 가장 높은 왕좌를 주고, 모든 신들이 엘릴의 주권을 상징하는 50개의 이름을 마르둑에게 불러 주면서 끝이 난다.[140] 바벨론의 최고 신 마르둑은 국역성경과 영역본(KJV, NKJV, NASV, REV, NREV, NLT)은 모두 '벨'(Bel)로 번역했으며 NIV 성경만이 마르둑(Marduk)으로 번역했다.

> "너희는 나라들 가운데에 전파하라 공포하라 깃발을 세우라 숨김이
> 없이 공포하여 이르라 바벨론이 함락되고 벨(Bel)이 수치를 당하며
> 므로닥(Marduk)이 부스러지며 그 신상들은 수치를 당하며 우상들은
> 부스러진다 하라"(렘 50:2)

예레미야 선지자는 하나님께 바벨론의 멸망의 예언, 즉 신탁을 받아 전달했다. 신 바벨론은 B.C. 562년 느브갓네살 사망 이후 제국은 20년간 이상 지속되었다. 느브갓네살 왕의 아들 아멜-마르둑(Amel-Marduk, 성경의 에윌므로닥(Evil-Merodach)은 B.C. 560년에 그의 처남인 네리글리살(Neri-Glissar B.C. 560-556)에 의해 암살당했다. 또한 그의 아들 라바쉬-마르둑(Labashi-Marduk)은 몇 달간 왕위에 있었지만 신하들에게 암살당했다. 이후 바벨론은 느브갓네살 왕의 집안사람이 아

---

140) 조철수, Ibid., p. 208. 이 과정을 자세히 보려면, 김산해, Ibid., pp. 108-128을 참조하라.

닌 나보니두스(Nabonidus B.C. 556-539)가 왕위에 올랐다.[141]

느부갓네살 왕과 그의 집안들은 바벨론의 수호신이며, 최고의 신인 마르둑(marduk)을 섬겼으며, 왕들의 이름에도 마르둑을 붙였다. 그러나 나보니두스는 하란 출신의 귀족 아들로 하란의 '달의 신'인 신(Sin)을 섬겼다.[142] 그 이유는 아마도 달 신을 섬기는 하란 지역에서 성장한 영향과 그의 어머니의 영향이 컸을 것이다. 그의 어머니 아닷-구피(Adad-guppi)는 달의 신(神)의 신봉자였다. 그래서 나보니두스는 마르둑 제사장들의 미움을 샀다. 그는 하란과 우르의 신(Sin) 성전들에 특별한 관심을 가졌으며 딸을 우르의 대여자사제로 임명하기까지 했다. 마르둑의 제사장들은 계속해서 나보니두스에 대해 불만을 가질 수밖에 없었다.

그러던 중 마르둑 제사장들과 바벨론인들이 나보니두스에게 등을 돌린 결정적 사건이 발생했다. 나보니두스는 B.C. 552년에 정치적인 이유로 아들 벨사살(Belshazzar)에게 수도 바벨론을 맡기고 아라비아 사막의 오아시스 테이마(Teima)로 이주했다. 페르시아에서는 고레스가 왕이 되면서 세력을 확장하고 있었다. 나보니두스는 고레스를 견제하기 위해 테이마로 이주한 것이다. 그러나 나보니두스의 이주는 새해 축제의 중단으로 이어졌다. 바벨론 왕은 새해를 알리는 마르둑 신상을 신전에 모시는 축제를 주관했는데, 왕이 바벨론에 없었기 때문에 새해 축제를 열 수 없었다. 10년 후 나보니두스는 다시 바벨론

---

141) J. A. 톰슨, 『예레미야 하』 최우성 역, (서울: 크리스챤서적, 1996), p. 1063.

142) 조병호, 『성경과 5대제국』 (서울: 통독원, 2011), p. 175.

으로 돌아왔지만 오히려 마르둑 신전과 몇몇 신전들을 달의 신(Sin)을 위해 개조했다.143) 이러한 그의 행동은 바벨론의 파멸로 이어졌다.

　바벨론 사람들은 바벨론 수호신 마르둑을 외면한 채 신(Sin)을 섬기는 나보니두스와 아들 벨사살에게 등을 돌렸다. 그들은 세력을 확장하고 있었던 페르시아의 고레스(Cyrus)를 쉽게 받아들였다. 고레스는 전쟁이 없이도 바베론 제국의 도시들을 정복했고, B.C. 539년 10월 12일에 바벨론을 정복했다. 이러한 역사는 예레미야의 바벨론 멸망의 예언의 성취였다. 예레미야는 "바벨론이 함락되고 벨이 수치를 당하며 므로닥이 부스러지며 그 신상들은 수치를 당하며 우상들은 부스러진다"고 외쳤다(렘 50:2). 벨(Bel)은 니폴(Nippur)의 주신인 폭풍의 신 엔릴의 칭호였다. 그리고 '므로닥'(Marduk)은 바벨론의 주신(主神)이며 수호신이었는데 이후 벨은 마르둑의 별칭이 되었다.144) 나보폴라살 왕으로부터 시작된 신바벨론은 그렇게 역사의 뒤안길로 사라져갔다. 바벨론의 최고의 신도 바벨론과 함께 운명을 같이했다.

　　"1.벨은 엎드러졌고 느보는 구부러졌도다 그들의 우상들은 짐승과 가
　　축에게 실렸으니 너희가 떠메고 다니던 그것들이 피곤한 짐승의 무거
　　운 짐이 되었도다 2.그들은 구부러졌고 그들은 일제히 엎드러졌으므
　　로 그 짐을 구하여 내지 못하고 자기들도 잡혀 갔느니라"(사 46:1-2)

---

143) 마르크 반 드 미에롭, *Ibid.*, pp. 403-404.

144) J. A. 톰슨, 『예레미야 하』*Ibid.*, p. 1064.

이사야 선지자는 수메르부터 숭배되었던 벨(Bel)이 엎드려졌고, 그의 아들 느보(Nebo)가 구부러졌다고 조롱한다.[145] 바벨론의 최고신(神)의 형상이 구부러져 짐승과 가축에 실려 가는 꼴이라니. 이사야는 우상의 초라함, 무의미함을 조롱하며 선포했다.

## | 블레셋의 다간/다곤(Dagon) |

〈그림-7〉 다곤

다곤

다곤 부조

다간(Dagan)은 성경의 다곤(Dagon)이다. 다간의 어원은 분명하지 않으며 수메르어에서 온 듯하다. 히브리어 "곡물"이라는 의미의 다간

---

145) 렐란드 라이켄 외 2인, 『성경 이미지 사전』 김의원 外 공역, (서울: 기독교문서선교회, 2001), p. 861.

(דגן)과 같이 아마도 "곡물"과 관련되었다고 추측할 수 있다. 또한 많은 학자들이 dag는 "물고기"와 관련된다고 주장하기도 한다. 우가릿 신화에서 다간은 바알의 아버지로 나타나며 풍요의 신의 식물과 관련된다고 추측된다. 고고학자들에 의해 다곤에게 바쳐진 두 개의 석비가 발굴되는데 다곤은 메소포타미아 지역에서 초기부터 잘 알려진 신이며, 아모리인들의 신들 가운데 가장 중요한 신이었다.146) 다곤은 고대 근동 전역에서 섬겼던 신으로 초기 청동기에는 에블라, 중기에는 마리, 후기에는 우가릿, 초기 철기는 블레셋과 로마의 가사까지 광범위하게 숭배되었다. 우가릿의 바알 신화집에서 다곤은 바알의 아버지로도 기록되었다.147)

다곤은 성경의 여러 곳에 기록되었다. 첫째, 여호수아가 각 지파별로 땅을 분배할 때 아셀 지파의 땅에 "벧 다곤"(다곤의 집)이라는 지명이다(수 19:27). 벧 다곤의 지명이 있다는 것은 크든 작든 다곤 신상을 숭배하는 신전이 있었다는 것을 의미한다. 둘째, 삼손 기사다. 블레셋에 잡힌 삼손은 다곤의 신전에서 최후를 맞이했다(삿 16:23-30). 셋째, 블레셋은 이스라엘에게 하나님의 법궤를 빼앗아 아스돗(Ashdod)에 옮긴 사건에서 나타난다(삼상 5:1-9). 넷째, 다곤의 마지막 기록은 블레셋과 사울의 전투였다. 블레셋은 길보아 산에서 사울과의 전투에서 승리를 거두며 "사울의 갑옷을 그들의 신전에 두고 그의 머리를 다곤의 신전"에 달았다(삼상 10:10).

---

146) 유윤종, *Ibid*., pp. 259-260.
147) 알프레드 J. 허트 외2인 *Ibid*., p. 356.

성경은 다곤의 세 기사를 통해 블레셋 사람들이 가장 중요하게 숭배하는 신이라는 사실을 가르쳐 준다. 그 이유는 **첫째**, 삼손을 잡았을 때 블레셋 사람들은 "신 다곤에게 큰 제사를 드리고 즐거워하고 … 우리의 땅을 망쳐 놓고 우리의 많은 사람을 죽인 원수를 우리의 신이 우리 손에 넘겨주었다 하고 자기들의 신을 찬양"했으며(삿 16:23, 25) **둘째**, 이스라엘과 전쟁에서 승리하여 이스라엘의 신의 상징인 여호와의 법궤를 빼앗았을 때 다곤의 신전에 두었고(삿 5:2) **셋째**, 사울과 전쟁에서 승리해 적장인 사울 왕의 갑옷과 사울의 머리를 다곤의 신전에 두었기 때문이다(삼상 10:10).

고고학자들은 텔 미크네(Tel Miqne, 에그론)에서 두 개의 제의 건물과 칼 카실레에서 세 개가 연결된 다곤의 블레셋 신전을 발굴했다. 삼손 기사에서 볼 수 있듯이 신전은 최소 두 개의 지지 기둥이 있었다(삿 16:25-29). 발굴된 블레셋 신전이 가나안 신전과 구별되는 특징은 입구에서 제단으로 들어가는 방식이다. 가나안의 신전 제단은 독립된 건물로 존재했지만 블레셋 신전은 입구가 신전 두 방의 축에서 오른편 모퉁이에 있다는 특징을 가진다. 그래서 제단을 가기 위해 입구 오른쪽으로 들어갔다. 텔 미크네의 건물들은 각각 큰 강당과 연결된 서너 개의 작은 방들로 이루어졌으며 일부 방들은 그 안에 제단을 가지고 있었다.[148]

다곤 신전의 규모는 상당히 컸는데 삼손 기사는 이를 증명한다. 블레셋 사람들은 삼손을 보기 위해 다곤 신전에 몰려왔다. 블레셋

---

148) 알프레드 J. 허트, 『고대 근동 문화』 *Ibid.*, p. 357.

방백들은 다곤 신전의 아래에 있었으며 신전 지붕에는 남녀가 약 3,000명이 있었다(삿 16:27). 고고학적으로 발굴된 블레셋의 신전을 통해서도 다곤 신전의 규모가 상당히 컸다는 사실을 뒷받침한다.

## | 모압의 그모스(Chemosh) |

모압이 가나안 종교를 따른 흔적들은 지명과 고고학적 발굴로 밝혀지고 있다. 모압은 가나안의 바알을 섬겼는데 지명 벧-바알-브올(Beth-baal-peor), 벧-바알-므온(Beth-baal-meon), 베못-바알(Bemoth-baal)은 바알 신전이 그 지역에 존재했음을 말해 준다. 그러나 모압의 국가신은 바알이 아니라 그모스였다. 그들은 나라의 흥망성쇠가 그모스의 도움과 진노에 따라 결정된다고 믿었다. 모압 왕 메사는 느보와 아타로트(Ataroth)의 백성들을 경멸하여 그모스에게 감사드리는 헤렘(cherem) 의식을 행했다. 그모스는 초기에는 모압의 지역신은 아니었으나 후대에 주신(主神)으로 받아들였다.[149] 성경도 모압의 주신은 그모스로 언급하는데 모세는 "그모스의 백성아"(민 21:29), 입다는 "네 (모압) 신 그모스"라고 말했다(삿 11:24). 이스라엘은 왕정시대에 모압의 그모스가 유입되어 숭배되었다. 솔로몬은 예루살렘 맞은편 산에 모압의 가증한 그모스 산당을 지었다(왕상 11:7). 솔로몬의 우상숭배는 불열왕국을 초래했다. 아히야 선지자는 입고 있던 새 옷을 열두 조각

---

149) 한상인, 『이스라엘 왕국 시대의 고고학』 (서울: 대한기독교서회, 2004), pp. 110-111.

을 내어 여로보암에게 열 조각을 줌으로써 열 지파를 주겠다는 하나
님의 말씀을 전했다.

예루살렘의 그모스 산당은 요시야 왕까지 지속되었다. 요시야 왕
은 종교개혁을 일으키면서 "모압 사람의 가증한 그모스"를 없애 버렸
다(왕하 23:13). 하나님은 그모스의 나라 모압의 심판할 것을 계획하셨
다. 예레미야는 모압의 그모스는 그의 제사장들과 고관들과 함께 포
로될 것과 모압이 오히려 그모스 때문에 수치를 당할 것이며, 그모스
의 백성이 망할 것을 예언했다(렘 48:7, 13, 46).

## | 암몬의 밀곰/몰렉/몰록(Molech) |

〈그림-8〉 몰렉 제사

국역성경의 암몬의 신 몰렉
과 몰록은 영어로는 동일한
'Molech'이다. 히브리어도 몰렉(
מלך)으로 기록되었다. '몰록'으
로 번역된 것은 헬라어(Μολόχ)
와 라틴어 번역 때문이며 본래는
'몰렉'(מלך)이다(레 18:21과 20:2-5,
왕하 23:10과 렘 32:35, 왕상 11:7, 사
30:33). 몰렉은 성경에서 언제나 어린이를 제물로 드리는 제사를 받는

신(神)으로 나타난다.[150] 몰렉과 동일한 암몬 족속의 신 밀곰(Milcom)
은 히브리어로는 말콤/밀콤(מלכם)이다(왕상 11:5, 33; 왕하 23:13).

몰렉은 지하 세계의 신으로 묘사되기도 하는데 성경은 "네가 기름
을 가지고 몰렉에게 나아가되 향품을 더하였으며 네가 또 사신을 먼
곳에 보내고 스올에까지 내려가게 하였으며"라고 기록했다(사 57:9).
하나님은 레위기 율법에서 몰렉의 특징을 설명하면서 몰렉을 숭배하
는 자를 반드시 죽이라고 말씀하셨다.

"너는 결단코 자녀를 몰렉에게 주어 불로 통과하게 함으로 네 하나님
의 이름을 욕되게 하지 말라 나는 여호와이니라"(레 18:21)

"2. 너는 이스라엘 자손에게 또 이르라 그가 이스라엘 자손이든지 이
스라엘에 거류하는 거류민이든지 그의 자식을 몰렉에게 주면 반드시
죽이되 그 지방 사람이 돌로 칠 것이요 3. 나도 그 사람에게 진노하여
그를 그의 백성 중에서 끊으리니 이는 그가 그의 자식을 몰렉에게 주
어서 내 성소를 더럽히고 내 성호를 욕되게 하였음이라 4. 그가 그의
자식을 몰렉에게 주는 것을 그 지방 사람이 못 본 체하고 그를 죽이
지 아니하면 5. 내가 그 사람과 그의 권속에게 진노하여 그와 그를 본
받아 몰렉을 음란하게 섬기는 모든 사람을 그들의 백성 중에서 끊으
리라"(레 20:2-5)

---

150) 롤랑 드보, 『舊約時代의 宗敎風俗』 이양구 역, (서울: 나단, 1993), p. 130.

암몬의 신 몰렉은 자기 자녀들을 불로 통과시켜 사람을 제물로 바치는 제의로 몰렉을 숭배했을 뿐 아니라 몰렉을 음란하게 섬기는 종교였다. 힉스는 몰렉의 희생제사에 대해 고고학적 근거로 설명한다.

"아이스펠트(Eissfeldt)는 페니키아 문서에 등장하는 'mlk'라는 단어를 근거로 몰렉이 인간 희생 제사였다고 주장하며, 하이데(Heider)와 데이(Day)는 성경에 근거하는 것처럼 몰렉이라는 신이 존재하였다고 주장했다. 주커만(Zuckerman)과 카우프만(Kaufman)은 터키 인시를리(Incirli)에서 발견된 B.C. 8세기 비문에서 물크-제사(mulk-sacrifice)는 전쟁 중에서 양이나 말, 심지어 인간의 장자를 제물로 드려졌다고 기록되었다. 또한 지하 세계의 신에게 어린이를 희생으로 드리는 것은 그리스-로마 저자들에 의해 전해졌다. 시쿨루스(Diodrus Siculus)는 크로노스가 카르타고에서 어린이를 제물로 받았다고 기록했다. 플루타르크(Plutarch)는 크레타인들도 델피에서 장자를 제물로 드렸다고 기록했다. 황소 머리를 가진 미노사우르(Minotaur) 설화도 인간 희생의 전통을 배경으로 하고 있다. 크레테에서 청소년들을 제물로 바쳤고, 카타르타고는 어린이 제물을 드렸던 성소가 사르디니아(Sardinia)에서 발굴되었다. B.C. 4-3세의 카르타고의 한 성에서는 2만 개의 항아리가 발견되었는데, 그중에 88퍼센트가 어린이 유해를 포함하고 있었다. B.C. 1209년의 아스글론(Ashkelon) 포위를 그린 바로 메르넵타(Merneptah)의 비석도 어린이 희생을 묘사하고 있는 것 같다. [151]

---

151) 리차드 S. 힉스, *Ibid.*, p. 125.

하나님은 몰렉 종교를 섬기는 자는 하나님의 백성에서 끊어질 것을 엄중히 경고하셨다. 그러나 왕조 시대에 이스라엘은 하나님께 가증한 몰렉을 숭배하는 악행을 저질렀다. 가장 먼저 솔로몬은 예루살렘 앞산에 "암몬 자손의 가증한 몰록/몰렉"을 위해 산당을 지었다(왕상 11:7). 솔로몬이 암몬의 몰렉을 숭배하게 된 계기는 아내로 맞이한 이방 여인들 때문이었다. 솔로몬은 바로의 딸 외에도 이방의 많은 여인들을 사랑했는데 "모압과 암몬, 에돔과 시돈과 헷" 여인들이었다(왕상 11:1). 열왕기는 솔로몬의 이방 결혼은 하나님의 율법을 어긴 행위라고 비판했다.

> "여호와께서 일찍이 이 여러 백성에 대하여 이스라엘 자손에게 말씀하시기를 너희는 그들과 서로 통혼하지 말며 그들도 너희와 서로 통혼하게 하지 말라 그들이 반드시 너희의 마음을 돌려 그들의 신들을 따르게 하리라 하셨으나 솔로몬이 그들을 사랑하였더라"(왕상 11:2)

솔로몬의 후궁 700명, 첩 300명, 그녀들은 결국 솔로몬의 마음을 우상에게 돌아서게 하여 다른 신들을 따르게 하였다(왕상 11:3-4). 더욱이 솔로몬의 아들로 왕위를 계승한 르호보암의 어머니는 암몬 사람 나아마(Naamah)였다(왕상 14:21). 나아마는 아들 르호보암이 왕이었기 때문에 아마도 왕실에서 막강한 힘을 행사했을 것이며 그모스 숭배는 더욱 왕성했을 것이다. 더욱이 르호보암이 죽고 왕위를 다시 암몬 사람 나아마의 아들 아비얌(Abijam)이 왕위를 이어 갔다(왕상 14:31). 왕위에 오른 아비얌도 어머니 나아마의 영향을 받았을 것이다. 그래서 우상숭배를 떠나지 못했을 것이다. 성경은 아비얌이 아버지 솔로몬이 행한 모든 죄악을 행하여 하나님 앞에서 온전하지 못했다고 기록했다(왕상 15:3). 유다 왕조에 다시 몰렉을 숭배한 자는 아하스 왕이었다.

> "2.아하스가 왕이 될 때에 나이가 이십 세라 예루살렘에서 십육 년간 다스렸으나 그의 조상 다윗과 같지 아니하여 그의 하나님 여호와께서 보시기에 정직히 행하지 아니하고 3.이스라엘의 여러 왕의 길로 행하며 또 여호와께서 이스라엘 자손 앞에서 쫓아내신 이방 사람의 가증한 일을 따라 자기 아들을 불 가운데로 지나가게 하며 4.또 산당들과 작은 산 위와 모든 푸른 나무 아래에서 제사를 드리며 분향하였더라"(왕하 16:2-4)

아하스는 다시 예루살렘을 이방 종교의 향연장으로 만들었다. 그 중에 자녀를 불 가운데로 지나게 하는 몰렉 제사를 중요하게 생각했다. 아하스는 하나님의 율법을 어기며 악한 왕으로 평가받았다. 하나님은 자녀를 불에 지나게 하는 인신제사를 가증히 여기셨다.

> "네 하나님 여호와께는 네가 그와 같이 행하지 못할 것이라 그들은 여호와께서 꺼리시며 가증히 여기시는 일을 그들의 신들에게 행하여 심지어 자기들의 자녀를 불살라 그들의 신들에게 드렸느니라"(신 12:31)

몰렉 숭배의 기록은 시드기야 왕에게서 다시 등장한다. 예레미야는 우상숭배를 자행한 이스라엘과 시드기야 왕에게 하나님께서 바벨

론 왕의 손에 예루살렘을 넘길 것이며 시드기야 왕은 바벨론에 포로
가 될 것이라고 예언했다(렘 32:3).

"34. 내 이름으로 일컫는 집에 자기들의 가증한 물건들을 세워서 그
집을 더럽게 하며 35. 힌놈의 아들의 골짜기에 바알의 산당을 건축하
였으며 자기들의 아들들과 딸들을 몰렉 앞으로 지나가게 하였느니라
그들이 이런 가증한 일을 행하여 유다로 범죄하게 한 것은 내가 명령
한 것도 아니요 내 마음에 둔 것도 아니니라 36. 그러나 이스라엘의
하나님 여호와께서 너희가 말하는바 칼과 기근과 전염병으로 말미암
아 바벨론 왕의 손에 넘긴바 되었다 하는 이 성에 대하여 이와 같이
말씀하시니라"(렘 32:34-36)

몰렉은 예루살렘 성 밖에 힌놈의 아들(벤-힌놈) 골짜기에 있는 도벳
(불 사르는 곳)에서 자녀들을 몰렉 신에게 "불 속으로 지나가게 해서"
제물로 바쳤다. 몰렉 제사가 나오는 곳은 왕하 16:3; 17:31; 21:6;
렘 2:24; 7:31; 19:5; 신 12:31; 겔 23:39 등에서 언급된다. 몰렉 숭
배는 예루살렘 성전 근처로 제한되었다.152) 솔로몬 이후 오직 요시
야 왕만이 몰렉 숭배를 하지 않았다. 요시야는 종교개혁을 단행하여
힌놈의 골짜기의 도벳 산당을 파괴하고 몰록에게 자녀를 불로 지나
가게 하는 제의를 못하게 했다(왕하 23:10).
　그러나 요시야의 종교개혁은 그의 죽음으로 끝나게 되었다. 이스

---

152) 롤랑 드보, *Ibid*., p. 131.

라엘은 계속해서 우상을 숭배했으며 하나님의 말씀을 무시했다. 하나님은 여호와의 이름으로 일컫는 집인 예루살렘 성전에서 자행되는 몰렉 숭배와 제의, 그리고 수많은 우상숭배의 결과는 바벨론에 의해 파괴[153) 되는 것이었다(렘 32:36).

## | 에그론의 신 바알세붑(Beelzebub) |

〈그림-9〉 바알세붑

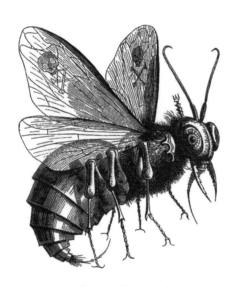

1863년 콜린스가 그린 바알세붑

에그론(Ekron)은 블레셋의 다섯 도시 중 하나이다. 에그론의 신은 바알세붑으로 히브리어는 바알-제붑(בַּעַל זְבוּב)이다. 바알세붑의 뜻은 "파리들의 주" 또는 "파리 대왕"이다. 아하시야는 긴박한 상황에서 질병치료와 건강 회복을 위해 여호와를 찾는 대신

---

153) John M. Bracke, *Jeremiah 30-52 and Lamentations*, (Louisville: Westminster John Knox Press, 2000), p. 33.

에그론의 바알세붑을 찾았다. 이사야 선지자는 아하시야의 죄를 지적하며 "네가 반드시 죽으리라"고 선포했다(왕하 1:3-4). 그러나 아하시야는 회개하지 않고 오히려 군사를 이사야에게 보냈다. 이로 인해 오십 부장 2명과 100명의 군사가 하늘에서 내려오는 불에 죽었다(왕하 1:10-12).

"2.아하시야가 사마리아에 있는 그의 다락 난간에서 떨어져 병들매 사자를 보내며 그들에게 이르되 가서 에그론의 신 바알세붑에게 이 병이 낫겠나 물어보라 하니라 3.여호와의 사자가 디셉 사람 엘리야에게 이르되 너는 일어나 올라가서 사마리아 왕의 사자를 만나 그에게 이르기를 이스라엘에 하나님이 없어서 너희가 에그론의 신 바알세붑에게 물으러 가느냐 … 6.그들이 말하되 한 사람이 올라와서 우리를 만나 이르되 너희는 너희를 보낸 왕에게로 돌아가서 그에게 고하기를 여호와의 말씀이 이스라엘에 하나님이 없어서 네가 에그론의 신 바알세붑에게 물으려고 보내느냐 그러므로 네가 올라간 침상에서 내려오지 못할지라 네가 반드시 죽으리라 하셨다 하라 하더이다 … 15.여호와의 사자가 엘리야에게 이르되 너는 그를 두려워하지 말고 함께 내려가라 하신지라 엘리야가 곧 일어나 그와 함께 내려와 왕에게 이르러 16.말하되 여호와의 말씀이 네가 사자를 보내 에그론의 신 바알세붑에게 물으려 하니 이스라엘에 그의 말을 물을 만한 하나님이 안 계심이냐 그러므로 네가 그 올라간 침상에서 내려오지 못할지라 네가 반드시 죽으리라 하셨다 하니라"(왕하 1:2-3, 6, 15-16)

신약성경에서는 하나님을 대적하는 이름이다. 신약에는 '하늘에 거하는 주'라는 의미로 바알세불(Beelzebouvl)로 불리며 '귀신의 왕'인 사탄으로 동일시했다. 바리새인들과 서기관들이 예수님을 귀신의 왕 바알세불을 힘입어 귀신을 쫓아냈다고 할 때, 바알세불이 아닌 하나님의 능력으로 쫓아내셨음을 비유로 가르쳐 주셨다.

"제자가 그 선생 같고 종이 그 상전 같으면 족하도다 집 주인을 바알세불이라 하였거든 하물며 그 집 사람들이랴"(마 10:25)

"24.바리새인들은 듣고 이르되 이가 귀신의 왕 바알세불을 힘입지 않고는 귀신을 쫓아내지 못하느니라 하거늘 15.예수께서 그들의 생각을 아시고 이르시되 스스로 분쟁하는 나라마다 황폐하여질 것이요 스스로 분쟁하는 동네나 집마다 서지 못하리라 26.만일 사탄이 사탄을 쫓아내면 스스로 분쟁하는 것이니 그리하고야 어떻게 그의 나라가 서겠느냐 27.또 내가 바알세불을 힘입어 귀신을 쫓아내면 너희의 아들들은 누구를 힘입어 쫓아내느냐 그러므로 그들이 너희의 재판관이 되리라"(마 12:24, 27)

"22.예루살렘에서 내려온 서기관들은 그가 바알세불이 지폈다 하며 또 귀신의 왕을 힘입어 귀신을 쫓아낸다 하니 23.예수께서 그들을 불러다가 비유로 말씀하시되 사탄이 어찌 사탄을 쫓아낼 수 있느냐"(막 2:22-23)

"15.그중에 더러는 말하기를 그가 귀신의 왕 바알세불을 힘입어 귀신을 쫓아낸다 하고 … 18.너희 말이 내가 바알세불을 힘입어 귀신을 쫓아낸다 하니 만일 사탄이 스스로 분쟁하면 그의 나라가 어떻게 서겠느냐 19.내가 바알세불을 힘입어 귀신을 쫓아내면 너희 아들들은 누구를 힘입어 쫓아내느냐 그러므로 그들이 너희 재판관이 되리라"(눅 11:15, 18-19)

본문을 통해 A.D 1세기 당시까지도 에그론의 신 바알세불이 존재했다는 사실을 알게 된다. 이스라엘에게 이방의 신들이 제거되기 쉽지 않았음을 알 수 있다. 바리새인과 서기관들은 하나님의 아들 예수님을 믿지 못했다. 예수님께서 귀신을 쫓아내는 권세를 가진 것 자체도 인정하지 않았다. 그래서 혐오스러운 귀신의 왕 바알세불을 힘입어서 귀신을 쫓아낸다고 주장했던 것이다. 그러나 예수님은 바알세불을 힘입을 필요가 없다. 왜냐하면 예수님은 창조주 하나님이시며, 하나님의 아들로 이 땅에 오신 분이기 때문이다.


## | 앗수르의 신 니스록(Nisroch) |

산헤립(B.C. 705-681년)의 죽음에 대한 기록은 앗수르 문헌에서도 부분적으로 뒷받침 된다. 에살핫돈(Esarhaddon B.C. 681-669년)은 산헤립의 후계자였다. 그는 B.C. 681년에 산헤립의 뒤를 이어 왕이 되었다. 에살핫돈은 산헤립의 막내아들로, 형들에 의해 강제로 추방되었다가 유

〈그림-10〉 니스록

배지에서 아버지의 피살 소식을 들었다. 성경은 산헤립이 니느웨로 돌아와 니스록의 신전에서 경배할 때, 그의 아들인 아드람멜렉(Adrammelech)과 사레셀(Sharezer)에 의해 살해되었다고 기록했다(왕하 19:37).[154] 그러나 성경의 기록과 같이 실제 역사에서는 예루살렘 정복을 시도하다 돌아온 B.C. 701년 이후 20년이 지나서야 일어난 일이다.[155]

앗수르의 문헌에서는 산헤립을 죽인 두 아들의 이름이 나타나지 않는다(ANTE, 289). 에살핫돈을 이어 왕이된 앗수르바니팔(Ashurpanipal B.C. 669-627년)은 조부의 피살에 대해 보복을 감행해 살인자들을 잡아서 그들이 자기 조부를 죽이는 데 사용한 것과 똑같은 동상으로 그들을 죽였다(ANET 2, 288b).[156] 산헤립의 죽음은 하나님을 모욕한 결과였다. 하나님은 "여호와께서 이같이 말씀하시되 너희가 들은 바 앗수르 왕의 종들이 나를 능욕한 말로 말미암아 두려워하지 말라 보라 내가 영을 그의 속에 두리니 그가 소

---

문을 듣고 그의 고국으로 돌아갈 것이며 또 내가 그를 그의 고국에서 칼에 죽게 하리라 하셨느니라 하니라"고 말씀하셨다(사 37:6-7). 메소포타미아 사람들은 산헤립이 바벨론 도시를 허물고 신들을 모욕한 것 때문에 수메르와 아카드 신들이 진노를 당했다고 생각했다.[157]

"34.내가 나와 나의 종 다윗을 위하여 이 성을 보호하여 구원하리라 하셨나이다 하였더라 35.이 밤에 여호와의 사자가 나와서 앗수르 진영에서 군사 십팔만 오천 명을 친지라 아침에 일찍이 일어나 보니 다 송장이 되었더라 36.앗수르 왕 산헤립이 떠나 돌아가서 니느웨에 거주하더니 37.그가 그의 신 니스록의 신전에서 경배할 때에 아드람멜렉과 사레셀이 그를 칼로 쳐 죽이고 아라랏 땅으로 그들이 도망하매 그 아들 에살핫돈이 대신하여 왕이 되니라"(왕하 19:34-37)

"36.여호와의 사자가 나가서 앗수르 진중에서 십팔만 오천인을 쳤으므로 아침에 일찍이 일어나 본즉 시체뿐이라 37.이에 앗수르의 산헤립 왕이 떠나 돌아가서 니느웨에 거주하더니 38.자기 신 니스록의 신전에서 경배할 때에 그의 아들 아드람멜렉과 사레셀이 그를 칼로 죽이고 아라랏 땅으로 도망하였으므로 그의 아들 에살핫돈이 이어 왕이 되니라"(사 37:36-38)

산헤립이 앗수르의 수도 니느웨에 돌아와 "그의 신 니스록의 신

---

157) 황성일, 『구약배경사』 (대전: 그리심어소시에이츠, 2013), p. 124.

전"(the temple of his god Nisroch)에서 경배했다. 성경은 앗수르의 신 니스록을 산헤립의 개인 수호신으로 간주한다. 니스록은 앗수르의 잘 알려지지 않은 신이기 때문에 정확히 어떤 신인지를 나오지 않는다.[158] 니스록은 히브리어로 니스록(נסרך), 헬라어로 네세라크(Νεσεραχ), 라틴어로는 네스록(Nesroch)으로 기록되었다.

## | 수메르의 두무지(Dumuzi)와 바벨론의 담무스 /탐무즈(Tammuz) |

〈그림-11〉 두무지와 담무스

담무스 부조          담무스 석상

---

158) 존 D. W. 왓츠, *Ibid*., p. 116.

두무지(Dumuzi)는 고대 수메르의 왕의 명단 밧테베라(Bad-tibira)에 나타난다. 두무지는 노아 홍수 이전에 3만 6000년을 다스렸으며 노아 홍수 이후에는 우룩의 왕으로 100년을 다스렸다. B.C. 3000년경 두무지는 신격화되었다.[159] 두무지는 여신 인안나의 남편이 됨으로써 신의 지위에 올랐다. 문헌에는 그들의 사랑, 청혼과 결혼을 찬양하고 있다. 그러나 인안나가 저승을 방문해서 죽임을 당함으로서 그들의 운명은 달라졌다.

인안나(Inanna)는 자신의 죽음을 대신할 대리자를 찾아 이승으로 돌아왔다. 그런데 그때 자신의 죽음을 애도하지 않는 남편 두무지를 발견하게 되었다. 인안나는 격분했고 자신을 대신해 죽음을 당할 자는 남편 두무지로 지명했다. 두무지는 두 번 포획자의 손에서 벗어났지만, 결국은 인안나를 대신해 목숨을 잃었다. 다른 신화에서는 두무지는 인안나가 복수하러 보낸 자들에게 죽임을 당했다고 기록되었다. 두무지 제의는 고대 근동 전체에 퍼져 지켜졌다.[160] 에스겔 8:14절에는 이 사실이 언급되었다.

"그가 또 나를 데리고 여호와의 전으로 들어가는 북문에 이르시기로 보니 거기에 여인들이 앉아 담무스를 위하여 애곡하더라"(겔 8:14)

두무지는 바벨론이 들어서면서 담무스/탐무즈(Tammuz)로 변했다.

---

159) 이학재, *Ibid*., p. 88.
160) 알프레드 J. 허트 외 2인, *Ibid*., pp. 40-41.

수메르의 두무지는 주요 신으로 숭배되었지만, 바벨론의 만신전에서 담무스는 소홀한 대접을 받았다. 두지(Duzi)로도 알려져 있는 두무지는 "참된 아들", "신실한 아들" 또는 "올바른 아들"이라는 의미이다. 두무지는 가나안 폭풍의 신 바알-하닷과 그리스 만신전의 아도니스(Adonis)와 비교된다. 중동에서 담무스 숭배는 A.D. 14세기까지 지속되었으며 북(北)메소포타미아에서는 한 달 동안 축제를 하는 것으로 발전했다. 이스라엘은 바벨론으로 포로로 끌려간 이후 유대 달력 담무즈월(6-7월)이 포함되었다.[161]

메소포타미아 지역에서 6-7월에는 담무스를 위한 애곡이 행해졌다. 이들의 애곡은 담무스 신이 떠남을 슬퍼하는 애곡이었다.[162] 에스겔 선지자는 여호와의 성전에 들어가는 북문에 도착했을 때 거기서 애곡하는 여인들을 발견했다. 그 애곡은 하나님께 대한 애곡이 아니라 담무스 숭배자들이 하는 애곡이었다(겔 8:14). 하나님은 에스겔에게 담무스를 위한 애곡은 "큰 가증한 일"이라고 하셨다(겔 8:13). 하나님은 에스겔에게 "더 큰 가증한 일을 보리라"(겔 8:15)고 말씀하시고 에스겔을 데리고 "여호와의 성전 문 곧 현관과 제단 사이에서 약 스물다섯 명이 여호와의 성전을 등지고 낯을 동쪽으로 향하여 동쪽 태양에게 예배"하고 있는 모습을 보여 주셨다(겔 8:16). 이처럼 에스겔 시대에 하나님의 성전에서 하나님을 섬기는 것이 아니라 이방의 담

---

161) Lamar E. Cooper, Sr. the New American Commentary vol 17. *EZEKIEL*, (Nashville: Broadman & Holman Publishers, 1994), p. 123.

162) 이학재, *Ibid.*, p. 88.

무스와 태양 숭배가 자행되는 타락의 현장이 되어 버렸다. 하나님은 우상숭배에 몰두한 이스라엘에게 "나도 분노로 갚아 불쌍히 여기지 아니하며 긍휼을 베풀지도 아니하리니 그들이 큰 소리로 내 귀에 부르짖을지라도 내가 듣지 아니하리라"고 말씀하셨다(겔 8:18).

## | 하늘의 여왕(the Queen of Heaven) |

〈그림-12〉 하늘의 여왕

이쉬타르

수메르의 인안나

"하늘의 여왕"은 예레미야 7장과 44장에 등장한다. 여호와 하나님은 예레미야에게 말씀하셨다. "너는 이 백성을 위하여 기도하지 말라 그들을 위하여 부르짖어 구하지 말라 내게 간구하지 말라 내가 네게서 듣지 아니하리라"(렘 7:16). 왜냐하면 하늘의 여왕을 섬기는 예배가 예루살렘의 거리에서나 유다 도시에 넓게 퍼져 있었기 때문이다.[163] 하나님은 이 사실을 지적하면서 "그들이 유다 성읍들과 예루살렘 거리에서 행하는 일을 보지 못하느냐"고 말씀하셨다(렘 7:17).

예레미야는 하나님께서 분노하신 "하늘의 여왕"을 섬기는 예식을 소개하고 있다. 이스라엘 사람들은 하늘의 여왕에게 예배를 드리기 위해 자녀들은 나무를 줍고 아버지들은 불을 피우고 아내들은 밀가루를 반죽해 하늘의 여왕을 위해 과자(cake)를 만들었다. 그뿐만 아니라 다른 여러 신들에게 제주(祭酒)를 부음으로써 하나님의 진노를 일으켰다.

> "자식들은 나무를 줍고 아버지들은 불을 피우며 부녀들은 가루를 반죽하여 하늘의 여왕을 위하여 과자를 만들며 그들이 또 다른 신들에게 전제를 부음으로 나의 노를 일으키느니라"(렘 7:18)

예레미야 당시 유다에서는 메소포타미아의 다른 신들과 함께 아스다롯/아스타르트(Astarte)[164]를 숭배하는 일이 유행이었다(왕하 21장;

---

163) Louis Stulman, *Jeremiah*, (Nashville: Abingdon Press, 2005), p. 93.

164) 우가릿 문헌의 바알의 배우자로 나오는 아스타르트(Astarte)와 아낫(Anat)은 아세라와 구별되지만, 구약성경에서 아스타르트의 단수형 '아스도렛'으로 표기되지만(왕상 11:5, 33; 왕하 23:13), 주로 복수형인 '아스다롯'으로 많이 사용된다(삿 2:13; 10:6; 삼상 7:3-4' 12:10; 31:10). 강성

23:4-14). 메소포타미아 지역에서 이 여신은 분명히 '하늘의 여왕'이
나 '하늘의 여주인'으로 알려져 있었다.[165) 그러나 하늘의 여왕이 정
확히 어떤 여신인지에 대해서는 학자들 간에 의견이 분분하다. 하늘
의 여왕은 양치기 목자 두무지(Dumuzi)의 아내로, 풍요와 다산의 여
신인 인안나(Inanna)가 나중에 사랑과 질투의 여신인 하늘의 여왕으로
변했다.[166)

예레미야가 탄식하고 있는 유다 왕국의 여인들이 빵을 만들고 향을
피우고, 전제를 부어 섬기는 여신들은 후리아인들(성경의 호리족)의 이
쉬타르(Ishtar), 가나안의 이쉬타르, 하늘의 여신 아프로디테(Aphrodite)
였다.[167) 다른 학자들은 다산과 풍요의 종교와 연관성을 가진 바벨
론 여신 아스타르트(Astarte), 가나안인들의 아낫(Anat) 등으로 보기도
하며[168) 아세라(Asherah)나 아낫(Anat) 혹은 두 여신들의 혼합일 가능
성도 있다.[169) 이집트 문헌에는 가나안의 다산의 여신 아낫이 이집
트에서 숭배되었다는 기록도 남아 있다. B.C. 5세기의 이집트의 엘
레판틴(Elephantine) 섬에 유대인들이 정착해 살았는데, 유대인들의 아
람어 문서인 엘레판틴 문서에서 혼합주의가 나타나는데 아낫-야후

---

열, *Ibid.*, p. 209.

165) J. A. 톰슨, 『예레미야 상』 *Ibid.*, p. 392.

166) 안성림·조철수, 『사람이 없었다. 神도 없었다』 (서울: 서운관, 1995), p. 302.

167) 필립 J. 킹·로렌스 E. 스태거, *Ibid.*, p. 458.

168) John M. Bracke, *Jeremiah 1-29*, (Louisville: Westminster John Knox Press, 2000), p. 80.

169) 레스터 L. 그래비, 『고대 이스라엘 역사 B.C. 2,000년경~ B.C. 539년-』 류광현·김성
천 공역, (서울: CLC, 2012), p. 269.

(Anat-Yahu), 곧 여호와의 아낫이란 여신도 있었다.[170] 유다 왕국 사람들은 하늘의 여왕을 숭배하고 있었다. 온 가족들이 하늘의 여왕을 위해 빵을 만드는 일에 즐거워했다. 자녀들은 나무를 줍고 아버지들은 불을 피우고, 부녀들은 하늘의 여왕을 위해 빵을 만들었다. 그리고 다른 신들에게 전제를 부음으로써 여호와 하나님의 진노를 샀다.

하늘의 여왕은 후기 전승에서 '하늘'을 의미하는 우라노스(Ouranos)와 우가릿 문헌에서 '태양의 여신'을 의미하는 샤파쉬(Shapash)의 딸로 나타나기도 한다.[171] 예레미야는 우상숭배뿐 아니라 안식일을 범하는 문제까지 지적한다. 만일 안식일에 자녀들이 나무를 줍고, 아버지들은 불을 피우고, 아내들은 빵을 만든다면 첫째, 안식일에 나무를 줍는 것은 안식을 범하는 것이며(민 15:32-35) 둘째, 안식일에 불을 피우지 말아야 하며(출 35:2), 안식일에는 노동하지 말아야 하는 계명을 어기는 것이다(출 20:10).

"17.우리 입에서 낸 모든 말을 반드시 실행하여 우리가 본래 하던 것 곧 우리와 우리 선조와 우리 왕들과 우리 고관들이 유다 성읍들과 예루살렘 거리에서 하던 대로 하늘의 여왕에게 분향하고 그 앞에 전제를 드리리라 그때에는 우리가 먹을 것이 풍부하며 복을 받고 재난을 당하지 아니하였더니 18.우리가 하늘의 여왕에게 분향하고 그 앞

---

170) J. A. 톰슨, 『예레미야 하』(서울: 크리스챤서적, 1996), p. 990. 강성열, *Ibid*., p. 209.
171) 피터 크레이기 · 페이 켈리 · 조엘 드링커드, 『WBC. 예레미야 1-25』 권대영 역, (서울: 솔로몬, 2003), p. 250.

에 전제 드리던 것을 폐한 후부터는 모든 것이 궁핍하고 칼과 기근에 멸망을 당하였느니라 하며 19.여인들은 이르되 우리가 하늘의 여왕에게 분향하고 그 앞에 전제를 드릴 때에 어찌 우리 남편의 허락이 없이 그의 형상과 같은 과자를 만들어 놓고 전제를 드렸느냐 하는지라… 25.만군의 여호와 이스라엘의 하나님께서 이와 같이 말씀하시되 너희와 너희 아내들이 입으로 말하고 손으로 이루려 하여 이르기를 우리가 서원한 대로 반드시 이행하여 하늘의 여왕에게 분향하고 전제를 드리리라 하였은즉 너희 서원을 성취하며 너희 서원을 이행하라 하시느니라"(렘 44:17-19, 25)

벧산(Beth Shan)에서 발굴된 이집트 제19왕조의 한 비문에는 가나안의 풍요의 여신 아낫을 "하늘의 여왕/여신"로 언급했다. 가나안에서 아낫은 여신 아스다롯(Ashtoreth)으로 묘사되었다. 성경에는 이스라엘의 변질된 예배가 아스다롯과 연관되어 자주 기록되었다(삿 2:13; 10:6; 삼상 7:4; 12:10; 왕상 11:5, 33; 왕하 23:13).[172] 두 여신 하늘의 여왕과 이쉬타르는 모두 별(star)과 깊은 관련성을 갖는다. 또한 이쉬타르 예배 의식에서는 빵을 굽는 행위들이 있었으며 마리(Mari)에서 풍요를 상징하는 여성상에서 빵을 굽는 형상들이 발견되었다.

---

172) 제랄드 L. 코운·파멜라 J. 스칼라이스·토마스 G. 스모덜스, 『WBC 예레미야 26-27』 정일오 역, (서울: 솔로몬, 2006), p. 457.

## | 구리뱀(the bronze snake) |

구리뱀은 이스라엘이 광야의 험하고 힘든 노정 가운데 모세와 여호와께 대한 원망 때문에 생겨났다(민 21:4-9). 이스라엘 백성들은 에돔 땅으로 우회하려다가 고단한 여정 때문에 마음이 상했다. 그들은 하나님과 모세를 원망했다. 하나님께서는 종 되었던 이집트 땅에서 구원하셨고, 불과 구름기둥으로 인도하시며, 만나와 메추라기까지 먹게 하셨다. 그러나 이스라엘은 잠깐의 힘든 노정 때문에 하나님께서 주신 모든 것들을 부정했다. 이에 하나님은 수많은 불뱀 떼를 보내 백성들을 심판하셨다. 문자적으로 "불뱀들"은 시내 반도에 서식하는 독사였을 것이다. 하나님은 독사들을 "날아다니는 불뱀"(사 14:29; 30:6)으로 표현하기도 했다. 앗수르의 엘살핫돈(B.C. 681-668)도 이집트를 치러가는 길에 시리아 광야를 통과하다가 그러한 뱀들을 만났다고 언급했다.

고대 근동에서 뱀은 지하 세계의 문들을 지키는 괴물로 생각해 두려워했다. 다른 한편으로는 생명과 다산의 상징으로 뱀을 숭배했다. 성경 고고학자 올브라이트(W. F. Albright)는 가나안 남부지역인 베이트 미르심(Beit Mirsim)에서 뱀의 여신을 묘사하는 부조를 발견했다. 바벨론인들은 "쇠칸"이라 부르는 뱀을 숭배하기도 했다.173) 하나님은 불뱀으로 이스라엘 백성들을 죽이셨다. 그러나 하나님은 모세의 기도를 들으시고 장대 위에 달린 구리뱀을 쳐다보는 자마다 살리셨다.

---

173) A. 누르체, 『민수기』 최종태 역, (서울: 크리스챤서적, 1993), pp. 301-302.

광야의 구리뱀은 언제부터인가 숭배의 대상으로 변질되었다. 남유다 백성들은 히스기야 시대에까지 구리뱀에게 분향하며 숭배했다. 이스라엘은 고대 근동 세계의 사고로 퇴락했다. 그들에게 구리뱀은 생명의 전달자로, 독자적으로 생명력을 지닌 신으로 변질되었다. 이스라엘은 하나님께 돌려야 할 경배를 우상화된 구리뱀에게 돌렸다.[174] 히스기야는 유다 백성들이 우상 숭배의 길에서 돌이켜 하나님께 돌아오도록 이방의 우상들과 그에 관련한 기구들을 제거해 버렸다. 그리고 우상화된 구리뱀도 부숴 버렸다.[175] 히스기야는 구리뱀을 부수고 '느후스단'이라 일컬었는데, 그 의미는 "구리로 만든 것"이다.

"3.히스기야가 그의 조상 다윗의 모든 행위와 같이 여호와께서 보시기에 정직하게 행하여 4.그가 여러 산당들을 제거하며 주상을 깨뜨리며 아세라 목상을 찍으며 모세가 만들었던 놋뱀을 이스라엘 자손이 이때까지 향하여 분향하므로 그것을 부수고 느후스단이라 일컬었더라"(왕하 18:3-4)

---

174) A. 누르체, *Ibid.*, p. 303.
175) G. J. 윈함 외, 『NBC 21세기 판 IVP 성경주석 구약』(서울: IVP, 2005), p. 510.

이스라엘은 광야의 구리뱀, 하나님의 은혜의 상징을 우상으로 만들어 버렸다. 그러나 예수님은 광야의 구리뱀 사건의 의미인 구원, 하나님의 은혜를 되살리셨다. 예수님은 광야의 구리뱀을 십자가의 구원 사건과 연결하셨다.

"14.모세가 광야에서 뱀을 든 것 같이 인자도 들려야 하리니 15.이는 그를 믿는 자마다 영생을 얻게 하려 하심이니라 16.하나님이 세상을 이처럼 사랑하사 독생자를 주셨으니 이는 그를 믿는 자마다 멸망하지 않고 영생을 얻게 하려 하심이라"(요 3:14-16)

요한복음 3장은 예수님께 찾아온 니고데모에게 거듭남의 비밀을 설명해 주면서 구리뱀과 십자가의 사건을 언급한 것이다. 유대인이었던 니고데모는 광야의 구리뱀 사건의 의미를 알고 있었다. 광야의 구리뱀과 예수님의 십자가의 사건에는 몇 가지 공통점이 있다. 첫째, 구리뱀이 만들어진 원인은 하나님과 모세를 원망한 이스라엘 백성들의 죄였다(민 21:5). 예수님은 죄인들을 위해 이 땅에 오셨다. 둘째, 원망의 결과는 죽음이었다(민 21:6). 인류의 죄의 삯은 사망이다(롬 6:23). 셋째, 하나님은 이스라엘의 죽음을 해결할 방법을 주셨다. 구리뱀과 예수님의 십자가였다. 넷째, 이스라엘은 자신들이 범죄 했음을 인정하며 모세에게 여호와께 기도해 줄 것을 요청했다(민 21:7). 예수님을 믿는 자들은 자신이 죄인임을 고백하며 죄를 회개한다. 다섯째, "불뱀을 만들어 장대 위에 매달아라 물린 자마다 그것을 보면 살리라"(민 21:8)는 하나님의 말씀을 믿고 불뱀을 본 사람들은 모두가 살았다. 예수님의 십자가는 구원이라는 사실을 믿는 자는 모두가 영생을 얻는다.

## | 일월성신(日月星辰) |

고대 근동 지방에서는 우주를 경이롭게 생각하여 해·달·별을 숭배했다. 점술사들은 별들을 통해 생사화복(生死禍福)과 길흉(吉凶)을 점치기도 했고, 왕의 탄생과 죽음을 예측하려고도 했다. 고대 근동에서는 천체(heavenly bodies) 중 태양을 가장 중요한 숭배 대상으로 여겼다. 우리나라도 무속신앙에서 일월성신(日月星辰)과 천지신명(天地神明)을 숭배했다. 단군 신화에서 단군의 할아버지 환인(桓因, Hwanin)은 하늘의 신이다. 인도에는 태양신(Solar deity) 수리야(Sūrya)가 있다. 이집트에는 태양신 라(Ra), 메소포타미아와 가나안에서는 태양신 샤마쉬(Shamach) 또는 샵슈(Shapsh)라는 이름으로 널리 숭배되었다.

이스라엘도 하늘의 일월성신(日月星辰)을 숭배가 자행되었으며(신 4:19, 17:9; 왕하 23:5; 렘 8:2; 욥 31:26-28) 태양숭배가 대중적인 인기를 얻었다. 그러나 이스라엘에게 태양은 숭배의 대상이 될 수 없었다. 왜냐하면 태양은 하나님의 피조물에 불과하기 때문이다. 하나님은 태양을 창조하시고 낮을 주관하는 역할을 부여받았다(창 1:16-18; 시 19:5-6). 태양은 하나님의 명령에 따라 떠오르고(욥 9:7), 멈추거나(수 10:12), 후진했다(왕하 20:11; 사 38:8). 심지어 태양 숭배의 도시였던 벧세메스(Beth-Shemesh '태양의 집')에서 태양 숭배를 몰아내고 여호와께

제사를 드리게 했다.176)

또한 여호와 하나님을 태양으로 묘사하는 구절(시 84:11), 여호와의 현현을 태양의 떠오름에 비유하는 구절들은 태양 숭배자들에게 태양이 신이 아니라 여호와께서 참된 신이심을 보여 주기에 충분했다(시 11:7; 17:15; 80:3; 말 4:2). 태양의 비췸(shine)을 하나님께 사용하는 것도 같은 예에 속한다(신 33:2; 삼하 22:29; 사 4:5; 60:2). 하나님은 태양을 심판의 도구로 사용하시는 분이시다(민 25:4).177) 그래서 하나님은 율법으로 하늘의 일월성신(日月星辰)을 숭배하지 말 것을 강력히 말씀하셨다.

> "또 그리하여 네가 하늘을 향하여 눈을 들어 해와 달과 별들, 하늘 위의 모든 천체 곧 너희의 하나님 여호와께서 천하 만민을 위하여 배정하신 것을 보고 미혹하여 그것에 경배하며 섬기지 말라"(신 4:19)

하나님은 호렙산에서 "너희가 어떤 형상도 보지 못하였은즉 너희는 깊이 삼가라"고 말씀하셨다(신 4:15). 하나님은 형상화되지 못한다. 하나님은 말씀하셨다.

> "스스로 부패하여 자기를 위해 어떤 형상대로든지 우상을 새겨 만들지 말라 남자의 형상이든지, 여자의 형상이든지, 땅 위에 있는 어떤 짐승의 형상이든지, 하늘을 나는 날개 가진 어떤 새의 형상이든지,

---

176) 강성열, *Ibid.*, p. 186.

177) 강성열, *Ibid.*, p. 187.

땅 위에 기는 어떤 곤충의 형상이든지, 땅 아래 물속에 있는 어떤 어족의 형상이든지 만들지 말라"(신 4:16-18).

자연의 모든 동물, 식물, 곤충, 그리고 무생물조차도 하나님의 피조물들이다. 그것들을 신이 될 수 없다.[178] 해 · 달 · 별 · 천체(天體)는 하나님께서 창조하시고, 천하 만민을 위해 배정한 피조물이다(신 4:19). 그러나 하나님을 떠나 스스로 부패한 인간들은 하나님을 대해 자기를 위해 어떤 형상을 만들었다(신 4:16). 부패한 자들은 하늘의 일월성신(日月星辰)조차도 형상을 만들고 그것에게 신이라 부르며 숭배했다.

"2.네 하나님 여호와께서 네게 주시는 어느 성중에서든지 너희 가운데에 어떤 남자나 여자가 네 하나님 여호와의 목전에 악을 행하여 그 언약을 어기고 3.가서 다른 신들을 섬겨 그것에게 절하며 내가 명령하지 아니한 일월성신(日月星辰)에게 절한다 하자 4.그것이 네게 알려지므로 네가 듣거든 자세히 조사해 볼지니 만일 그 일과 말이 확실하여 이스라엘 중에 이런 가증한 일을 행함이 있으면 5.너는 그 악을 행한 남자나 여자를 네 성문으로 끌어내고 그 남자나 여자를 돌로 쳐죽이되 6.죽일 자를 두 사람이나 세 사람의 증언으로 죽일 것이요 한 사람의 증언으로는 죽이지 말 것이며 7.이런 자를 죽이기 위하여는 증인이 먼저 그에게 손을 댄 후에 뭇 백성이 손을 댈지니라 너는 이

---

178) Eugene H. Merril, *Deutronmy*, *Ibid.*, p. 123.

와 같이하여 너희 중에서 악을 제할지니라"(신 17:2-7)

하나님은 율법을 어기고 일월성신(日月星辰)의 형상을 만들어 숭배할 때 남자나 여자나 돌로 쳐 죽이라고 말씀하셨다(신 17:5). 그것은 하나님께 가증한 일이기 때문이다(신 17:4). 그러나 이스라엘 역사는 태양과 별들에 대한 숭배로 가득 차 있다. "유다 여러 왕들이 태양을 위하여 드린 말들"이 있었으며(왕하 23:11), 유다 모든 성읍에 산당(the high places)과 태양상을 두고 있었다(대하 14:5). 하나님을 떠난 이스라엘은 이방의 우상들을 들여와 숭배했고, 일월성신(日月星辰)의 형상들을 만들어 숭배하는 죄악이 가득했다. 그러나 아사 왕과 요시야 왕은 이러한 우상들을 철폐하는 종교개혁을 단행했다.

"2.아사가 그의 하나님 여호와 보시기에 선과 정의를 행하여 3.이방 제단과 산당을 없애고 주상을 깨뜨리며 아세라 상을 찍고 4.유다 사람에게 명하여 그 조상들의 하나님 여호와를 찾게 하며 그의 율법과 명령을 행하게 하고 5.또 유다 모든 성읍에서 산당과 태양상을 없애매 나라가 그 앞에서 평안함을 누리니라"(대하 14:2-5)

"무리가 왕 앞에서 바알의 제단들을 헐었으며 왕이 또 그 제단 위에 높이 달린 태양상들을 찍고 또 아세라 목상들과 아로새긴 우상들과 부어 만든 우상들을 빻아 가루를 만들어 제사하던 자들의 무덤에 뿌리고 … 제단들을 허물며 아세라 목상들과 아로새긴 우상들을 빻아 가루를 만들며 온 이스라엘 땅에 있는 모든 태양상을 찍고 예루살렘

으로 돌아왔더라"(대하 34:4,7)

"옛적에 유다 왕들이 세워서 유다 모든 성읍과 예루살렘 주위의 산당들에서 분향하며 우상을 섬기게 한 제사장들을 폐하며 또 바알과 해와 달과 별 떼와 하늘의 모든 별에게 분향하는 자들을 폐하고 … 또 유다 여러 왕이 태양을 위하여 드린 말들을 제하여 버렸으니 이 말들은 여호와의 성전으로 들어가는 곳의 근처 내시 나단멜렉의 집 곁에 있던 것이며 또 태양 수레를 불사르고"(왕하 23:5, 11)

이사야 선지자는 아세라(Asherah poles)나 태양상을 더 이상 보지 못할 것이며, 다시 서지 못할게 될 것이라고 선포했다. 에스겔 선지자는 하나님의 성전에서 동쪽 태양에게 예배를 드리는 우상숭배자들을 보여 주셨다(사 27:9).

"자기 손으로 만든 제단을 바라보지 아니하며 자기 손가락으로 지은 아세라나 태양상을 보지 아니할 것이며"(사 17:8)

"그가 또 나를 데리고 여호와의 성전 안뜰에 들어가시니라 보라 여호와의 성전 문 곧 현관과 제단 사이에서 약 스물다섯 명이 여호와의 성전을 등지고 낯을 동쪽으로 향하여 동쪽 태양에게 예배하더라"(겔 8:16)

아모스 선지자는 출애굽의 하나님, 광야 40년을 인도하신 여호와 하나님을 잊은 이스라엘의 죄악을 지적한다.

"25.이스라엘 족속아 너희가 사십 년 동안 광야에서 희생과 소제물을
내게 드렸느냐 26.너희가 너희 왕 식굿과 기윤과 너희 우상들과 너희
가 너희를 위하여 만든 신들의 별 형상을 지고 가리라"(암 5:25-26)

이스라엘은 식굿(סכּות shrine)과 기윤(כיון)과 우상들, 자신들을 위
해 만든 별 형상의 신들(the star of your god)을 숭배했다. 아모스 선지자
는 "너희 왕 식굿과 기윤"이라 표현한 것은 이스라엘 백성들이 왕이
신 여호와를 떠나 우상들을 자기들의 신, 왕으로 숭배한다는 것을 지
적한 것이다. 식굿은 우가릿에서 발견된 신들의 목록에서 닌우르타
(Ninurta)와 동일시되고 있는 메소포타미아의 한 신이었다. 그리고 기
윤은 토성(土星)과 관련된 또 다른 메소포타미아의 신이다.[179] 이스
라엘은 고대 근동의 우상들을 자신의 신으로 받아들여 숭배했다. 그
러나 아모스 선지자는 하늘의 해, 달, 별과 은하들은 하나님의 창조
물임을 선포한다.

"묘성과 삼성을 만드시며 사망의 그늘을 아침으로 바꾸시고 낮을 어
두운 밤으로 바꾸시며 바닷물을 불러 지면에 쏟으시는 이를 찾으라
그의 이름은 여호와시니라"(암 5:8)

---

179) 로버트 치즈홀름, *Ibid.*, p. 598.

아모스는 우상을 떠나 우주의 묘성과 삼성(the Pleiades and Orion)을 창
조하신 하나님, 24시간의 주기를 규칙적으로 바꾸시는 하나님, "바
닷물을 불러 지면에 쏟으시는" 초자연적인 역사의 주인이신 여호와
하나님을 찾으라고 선포했다.


| 신당/산당/사당(high places) |

신당, 사당, 산당은 동일한 의미로 히브리어로 "바마"(במה)이다.
고대 이스라엘에서 정규적으로 종교적인 제사를 거행한 장소는 자연
적으로 높은 산의 언덕 위에 위치해 있었고, 그곳은 신성한 나무들
이 많은 것이 일반적인 현상이었을 것이다. 이스라엘이 가나안에 정
착한 후에도 가나안 원주민들의 성소에서 희생제물을 드리고 오래된
상수리나무들의 그늘 밑에서 경건한 예언자나 왕들의 인도에 따라서
제사 의식을 거행했다. 그러나 성도들이 증가하자, 무지한 숭배자들
의 마음속에서도 성소에서 섬기는 신들의 숫자도 똑같이 증가한다는
신앙이 생기기 쉬웠다. 결국 이스라엘은 여호와의 신앙을 떠나 많은
신들이나 바알들을 인정하는 쪽으로 기울게 되었다. [180]

---

180) 프레이저, 『문명과 야만 Ⅲ』 이양구 역, (서울: 강천, 1990), p. 63.

## 도벳과 바알 산당

예레미야는 두 번이나 힌놈의 골짜기에 도벳 사당(the high places)을 건축하고 자녀들을 불에 사르고, 바알의 산당을 건축하여 몰렉 앞에 지나가게 했다고 강력하게 비판한다.

> "힌놈의 아들 골짜기에 도벳 사당을 건축하고 그들의 자녀들을 불에 살랐나니 내가 명령하지 아니하였고 내 마음에 생각하지도 아니한 일이니라"(렘 7:31)

> "힌놈의 아들의 골짜기에 바알의 산당을 건축하였으며 자기들의 아들들과 딸들을 몰렉 앞으로 지나가게 하였느니라 그들이 이런 가증한 일을 행하여 유다로 범죄하게 한 것은 내가 명령한 것도 아니요 내 마음에 둔 것도 아니니라"(렘 32:35)

하나님은 율법으로 "너는 결단코 자녀를 몰렉에게 주어 불로 통과하게 함으로 네 하나님의 이름을 욕되게 하지 말라 나는 여호와이니라"고 말씀하셨다(레 18:21). 그러나 이스라엘은 하나님의 말씀을 듣지 않았다. 오히려 그들은 예루살렘 성 남쪽에 동서로 가로지르는 힌놈의 골짜기에 도벳(문자적 의미로 화로, 벽난로) 산당을 짓고 아이들을 희생 제물로 불태우는 죄악을 범했다. 아하스와 므낫세 왕 통치 때에도 자녀들을 희생 제물로 바치는 범죄가 자행되었다(왕하 21:6).

"아하스가 … 이스라엘의 여러 왕의 길로 행하며 또 여호와께서 이스라엘 자손 앞에서 쫓아내신 이방 사람의 가증한 일을 따라 자기 아들을 불 가운데로 지나가게 하며"(왕하 16:3)

요시야 왕은 종교개혁으로 "힌놈의 아들 골짜기의 도벳을 더럽게 하여 어떤 사람도 몰록에게 드리기 위하여 자기의 자녀를 불로 지나가지 못하게" 하였다(왕하 23:10). 그러나 여호야김 치하에서 이러한 악행이 다시 부활했을 가능성이 있으며, 에스겔의 언급은 이런 관습이 B.C. 586년의 예루살렘 멸망 직전까지 얼마나 공공연하게 지속되었는가를 보여 준다.181)

"그들이 장자를 다 화제(火祭)로 드리는 그 예물로 내가 그들을 더럽혔음은 그들을 멸망하게 하여 나를 여호와인 줄 알게 하려 하였음이라"(겔 20:26)

어린아이들을 불 가운데 지나게 하여 신들에게 화제(火祭)로 드리는 풍습은 실제로 고대 근동의 많은 나라에서 자행되었다. 고고학자 스태거(Stager)는 카르타고 여신 타닛(Tanit) 여신의 야외성역에서 타닛과 바알함몬(Baal-Hammon) 신에게 수백 명의 어린아이들을 희생 제물로 드린 관습을 밝히는 유물들을 발굴했다. 봉헌자가 약속한 서원을 지켰다는 비문과 함께 유물들(납골용 단지, 화장된 흔적들, 부장품)은 카르타

---

181) 피터 크레이기 외 2인, *Ibid.*, p. 253.

고에서 어린아이들을 제물로 바친 의식을 거행했다는 사실을 뒷받침
했다. 그뿐만 아니라 베니게인들은 다른 장소도 사람을 제물로 바쳤
고, 시실리, 사르데니아, 키프루스 같은 장소에서도 이러한 관습들
이 존재했다.[182]

### 아람의 림몬 신당

림몬(Rimmon)은 아람/수리아의 하닷(Hadad)의 별명이다. 우가릿 신
화에서 하닷은 바알의 또 다른 이름이다. 하닷은 천둥과 번개 신으로
바알의 모습을 강조했다. 아람의 왕 벤하닷(Benhadad)은 '하닷의 아들'
이란 의미이다.[183] 발굴된 아람의 명문들을 통해 하닷이 여러 아람
부족의 최고신이었다는 사실이 알려졌다. 핫디이티의 텔 페케리어
(Tell Fekheriyeh) 명문에서 사므알의 파나무(Panamu)가 세운 거대한 하닷
상의 주체로서 하닷-림몬(Hadad-Rimmon)이란 이름의 아람 다메섹 국
가의 신으로, 또 왕하 5:18에 의하면 특별한 숭배의 대상이 되었다는
것을 알 수 있다.[184]

성경에는 아람의 군대 장군 나아만이 나병이 들어 엘리사에게 치료
되는 이야기에서 나타난다. 아람의 림몬의 신당에서 우상을 섬겼던 나
아만은 엘리사를 통해 나병을 치료받고 난 뒤, 오직 여호와께만 번제

---

182) 필립 J. 킹 · 로렌스 E. 스태거, *Ibid.*, p. 472. 피터 크레이기 외 2인, *Ibid.*, p. 253.

183) 사무엘 헨리 후크, *Ibid.*, p. 181.

184) 알프레드 J 허트 외 2인, *Ibid.*, p. 327.

물과 희생 제사를 드리겠다고 결단했다. 그리고 림몬의 신당에서 몸을 굽힐 때 여호와께서 용서해 주기를 엘리사에게 간곡히 부탁했다.

"17.나아만이 이르되 그러면 청하건대 노새 두 마리에 실을 흙을 당신의 종에게 주소서 이제부터는 종이 번제물과 다른 희생 제사를 여호와 외 다른 신에게는 드리지 아니하고 다만 여호와께 드리겠나이다 18.오직 한 가지 일이 있사오니 여호와께서 당신의 종을 용서하시기를 원하나이다 곧 내 주인께서 림몬의 신당에 들어가 거기서 경배하며 그가 내 손을 의지하시매 내가 림몬의 신당에서 몸을 굽히오니 내가 림몬의 신당에서 몸을 굽힐 때에 여호와께서 이 일에 대하여 당신의 종을 용서하시기를 원하나이다 하니"(왕하 5:17-18)

엘리사는 나아만에게 "너는 평안히 가라"고 말했다(왕하 5:19). 나아만이 고국 아람으로 돌아가 엘리사에게 고백한대로 오직 여호와 하나님만을 섬겼는지는 성경에 기록하지 않았다. 하지만 나아만이 아람에서 나병 치료 사건은 아람의 신(神) 하닷/림몬이 치료해 주지 못했다는 사실을 증명하며, 오직 여호와만이 치료하시는 하나님이라는 사실을 보여 주었다.

### 아웬/벧아웬의 산당

아웬의 의미는 '고통', '사악함'이다. 벧엘을 경멸할 때 쓰인 명칭이다. 호세아는 우상의 본거지가 된 벧엘을 "이스라엘의 죄 곧 아웬의 산당"이라고 지적하고 있다(호 10:8). 영역본에서도 히브리어 성경대로 "이스라엘의 죄, 아벤의 산당"(KJV, ASV, RSV, NASV, YLT 등 the high places of Aven, the sin of Israel)으로 번역했다. NIV는 아웬의 히브리어의 의미를 살려 "악의 산당"(The high places of wickedness)이라고 번역했다. 벧아웬의 히브리어 의미는 '악의 집', '우상의 집'이다. 호세아는 우상숭배의 죄를 꾸짖을 때 벧엘을 "벧아웬"으로 지칭했다(호 4:15; 10:5).

하나님은 북이스라엘의 죄악을 지적하셨다. "이 땅에는 진실도 없고 인애도 없고 하나님을 아는 지식도 없고 오직 저주와 속임과 살인과 도둑질과 간음뿐이요 포악하여 피가 피를 뒤이음이라"(호 4:1-2). 하나님은 "내 백성이 지식이 없으므로 망하는도다 네가 지식을 버렸으니 나도 너를 버려 내 제사장이 되지 못하게 할 것이요 네가 네 하나님의 율법을 잊었으니 나도 네 자녀들을 잊어버리리라"고 말씀하셨다(호 4:5). 하나님은 이스라엘이 "음행과 묵은 포도주와 새 포도주가 마음을 빼앗느리라"(호 4:11)라 말씀하셨다. 이것은 우상 종교와 미신사상(迷信思想)이 이스라엘 어떻게 미혹했는지를 비유적으로 표현한 것이다.[185] 호세아는 계속해서 우상숭배에 빠진 이스라엘을 고발했다(호 4:13-14). 하나님은 가나안 땅에 들어가서 해야 할 일들을 말씀하셨다.

"너희가 쫓아낼 민족들이 그들의 신들을 섬기는 곳은 높은 산이든지 작은 산이든지 푸른 나무 아래든지를 막론하고 그 모든 곳을 너

---

185) 박윤선, 『성경주석 소선지서』 (서울: 영음사, 1998), p. 34.

희가 마땅히 파멸하며 그 제단을 헐며 주상을 깨뜨리며 아세라 상을 불사르고 또 그 조각한 신상들을 찍어 그 이름을 그곳에서 멸하라"(신 12:2-3).

그러나 이스라엘은 하나님의 말씀을 듣지 않고 오히려 "나무"로 만든 우상 곧 드라빔(호 3:4)에게 점(占)을 치며 물었고 "막대기"의 대답을 기다렸다. 막대기는 막대기점(Rhabdomancy)을 의미했다.186) 하나님은 하나님보다 나무와 막대기로 점을 치며 우상의 소리를 듣고 있는 이스라엘을 향해 "내 백성"이라고 말씀하셨다. 하나님께서 특별히 선택한 백성, 하나님의 말씀을 들어야 할 백성이 우상(나무와 막대기)을 숭배하고, 그들의 소리를 듣고 있다고 슬픔에 찬 책망을 하시는 것이다.187)

그리고 가나안 족속들이 산과 나무 아래서 행하던 우상숭배를 따라 산꼭대기, 작은 산 위에서 우상에게 분향했다. 참나무, 버드나무, 상수리나무 아래서 우상을 섬기며 그것에 만족했다. 그들의 딸들과 며느리들은 음행과 간음을 일삼았으며 남자들도 창기와 음행을 저질렀다. 이스라엘은 남편이신 하나님을 버리고 우상을 남편으로 삼는 영적 간음을 저질렀으며, 우상의 제의에서 신전창기들과 매춘을 일삼은 육체적 간음을 일삼았다.

북이스라엘이 가나안 족속들의 우상들로 가득하게 된 원인은 여로

---

186) 박윤선, *Ibid.*, p. 34.
187) 존 칼빈, 『존 칼빈 성경주석 26. 호세아』 존 칼빈 聖經註釋出版委員會 역편, (서울: 성서교제간행사, 1983), p. 191.

보암에게 있었다. 여로보암은 북이스라엘을 시작하면서 두 금송아지를 만들고 "너희를 애굽 땅에서 인도하여 올린 너희의 신들이라"고 말하며 벧엘과 단에 두었다(왕상 12:28-29). 그리고 금송아지 제단을 쌓고 경배하도록 했는데, 이것이 이스라엘의 죄가 되었다(왕상 12:30). 북이스라엘 우상숭배의 시작이었다.

벧엘 산당은 여호와를 대신한 금송아지 우상뿐 아니라 바알과 아세라가 있었다. 이제 야곱의 하나님을 만났던 아름다운 신앙의 땅이 아니었다. 야곱에 "하나님의 집"이라 부른 "벧엘"이 "헛된 것의 집"이라는 벧아웬(בית און)으로 바뀌었다. 여로보암의 금송아지가 하나님을 대신했다.[188] 에브라임은 우상과 연합했고(호 4:17), 벧아웬의 산당에서 우상숭배와 음행이 자행되었다. 하나님은 벧아웬으로 올라가지 말라고 명령하셨다(호 10:1-4, 7-8).

> "이스라엘아 너는 음행하여도 유다는 죄를 범하지 못하게 할 것이라
> 너희는 길갈로 가지 말며 벧아웬으로 올라가지 말며 여호와의 사심
> 을 두고 맹세하지 말지어다"(호 4:15)

호세아 선지자는 이스라엘의 우상숭배의 죄악과 하나님의 심판을 선포했다. 하나님은 이스라엘을 포도나무로 비유했다. 포도나무 열매가 풍부해졌다는 것은 그것이 경제적으로 부유해졌음을 의미했다. 그러나 이스라엘은 부유해질수록 풍년과 부유(富有)의 원인을 여호와

---

188) 박윤선, *Ibid*., p. 67.

하나님이 아닌 바알에게 돌렸다. 폭풍, 대지, 풍요의 신인 바알이 풍요를 준 것이라 믿었다. 그리고 이스라엘은 부유해질수록 우상의 제단을 더욱 쌓았으며 주상들을 아름답게 꾸미기에 바빴다.

하나님은 두 마음(하나님과 바알)을 품은 이스라엘을 심판하실 것이다. 제단과 주상들을 깨뜨리실 것이다. 사마리아 사람들은 섬기던 우상 "벧아웬의 송아지" 때문에 오히려 두려워하게 될 것이다. 벧아웬 산당에서 바알의 제사장들도 산당의 파괴로 인해 슬퍼하게 될 것이다. 북이스라엘은 앗수르에게 멸망하여 "벧아웬의 송아지"는 앗수르로 옮겨져 야렙 왕에게 바쳐지게 될 것이다. 아웬의 산당은 파괴되어 가시와 찔레가 가득한 폐허가 될 것이다.

# † 참고문헌 †

| 국내서 |

강성열, 『고대 근동 세계와 이스라엘 종교』 서울: 한들출판사, 2003

강영안, 『강영안 교수의 십계명 강의』 서울: IVP, 2010

김산해, 『신화는 수메르에서 시작되었다』 서울: 가람기획, 2003

김지찬, 『요단강에서 바벨론 물가까지』 서울: 생명의말씀사, 1999

박윤선, 『성경주석 소선지서』 서울: 영음사, 1998

박준서, 『구약과 신학의 세계』 서울: 한들출판사, 2001

이학재, 『에스겔 어떻게 읽을 것인가?』 서울: 성서유니온선교회, 2003

이희학, 『북이스라엘의 역사와 종교』 서울: 프리칭아카데미 , 2009

조병호, 『성경과 5대제국』 서울: 통독원, 2011

조철수, 『메소포타미아와 히브리 신화』 서울: 도서출판 길, 2000

조철수·안성림, 『사람이 없었다. 神도 없었다』 서울: 서운관, 1995

차준희, 『출애굽기 다시보기』 서울: 프리칭 아카데미, 2004

한민수, 『하나님의 구원역사 창세기』 서울: 도서출판 그리심, 2011

한상인, 『이스라엘 왕국 시대의 고고학』 서울: 대한기독교서회, 2004

_____, 『족장시대의 고고학』 서울: 학연문화사, 1996

황성일, 『구약배경사』 대전: 그리심어소시에이츠, 2013

유정섭, 『구약에 기록된 바다의 다층적 의미 연구 -고대근동 문헌에서의
　　　 신화적 바다와의 비교연구-』 아세아연합신학대학교 대학원 박사
　　　 학위논문, 미간행, 2007

| 번역서 |

고웬, 도널드 E. 『구약 예언서 신학』 차준희 역, 서울: 대한기독교서회, 2004

그래비, 레스터 L. 『고대 이스라엘 역사 -B.C. 2,000년경~ B.C. 539년-』
　　　류광현 · 김성천 공역, 서울: CLC, 2012

누르체, A. 『민수기』 최종태 역, 서울: 크리스챤서적, 1993

드레인, 존. 『성경의 탄생』 서희연 역, 경기: 도서출판 옥당, 2013

드보, 롤랑. 『舊約時代의 宗敎風俗』 이양구 역, 서울: 나단, 1993

라이켄, 렐란드 .제임스 C. 윌호잇.트럼퍼 롱맨Ⅲ, 『성경 이미지 사전』 김
　　　의원 외 공역, 서울: 기독교문서선교회, 2001

로벗슨, 팔머. 『계약신학과 그리스도』 김의원 역, 서울: 기독교문서선교회, 1999

리더보스, J. 『신명기』 최종태 역, 서울: 크리스챤서적, 1992

만케, 헤르만. 『한 권으로 마스터하는 구약성경』 차준희 역, 서울: 대한기
　　　독교서회, 201

맥스웰, J. 밀러 · 존 H. 헤이스, 『고대 이스라엘 역사』 박문재 역, 서울: 크
　　　리스챤다이제스트, 1996

메릴, 유진 H. 『구약신학: 영원하신 통치』 김상진 · 성주진 · 류근상 공역,
　　　고양: 크리스챤출판사, 2012

_____, 『제사장의 나라』 곽철호 역, 서울: 기독교문서선교회, 1997

바클레이, 윌리암. 『오늘을 위한 십계명』 이희숙 역, 서울: 컨콜디아사, 1993

브라이트, 존. 『이스라엘 역사』 박문제 역, 서울: 크리스챤다이제스트, 1994

브루거만, 월터. 『창세기』 강성열 역, 서울: 한국장로회출판사, 2000

브리스코, 토마스 V. 『HOLMAN BIBLE ATLAS 두란노 성서지도』 강사문
　　　외 공역, 서울: 두란노, 2009

비일, 그레고리 K. 『예배자인가, 우상숭배자인가?』 김재영 · 성기문 공역,
　　　서울: 새물결플러스, 2014

사르나, 나훔 M. 『출애굽기 탐험』 박영호 역, 서울: 솔로몬, 2004

아이들먼, 카일. 『거짓 신들의 전쟁』 배응준 역, 서울: 규장, 2013

알베르츠, 라이너. 『이스라엘 종교사 Ⅰ』 강성열 역 고양: 크리스챤다이제
　　　스트, 2003

앤더슨, G. W. 『이스라엘 역사와 종교』 김찬국 역, 서울: 대한기독교서회, 2005

앤더슨, 버나드 W. 『구약성서 이해』 강성열 · 노항규 공역, 고양: 크리스챤
　　　다이제스트, 2006

에일링, 찰스 F. 『이집트와 성경 역사』 신득일 · 김백석 공역, 서울: CLC, 2010

엘리아데, 미르치아. 『종교사 개론』 이재실 역, 서울: 도서출판 까치, 1994

왓츠, 존 D. W. 『WBC 주석 이사야 하』 주석번역위원회 역, 인천: 임마누엘,
　　　1992

요세푸스, 플라비우스. 『요세푸스 유대고대사 Ⅰ』 성서자료 연구원 역, 서
　　　울: 도서출판 달산, 1991

원함, G. J. 외 공저(共著), 『NBC 21세기 판 IVP 성경주석 구약』 김순영 외
　　　공역, 서울: IVP, 2005

월트키, 브루스. 『구약신학』 김귀탁 역, 서울: 부흥과개혁사, 2012

차일즈, 브레바드 S. 『구약신학』 박문재 역, 서울: 크리스챤다이제스트, 1998

치즈홀름, 로버트. 『예언서 개론』 강성열 역, 고양: 크리스챤다이제스트, 2006

침멀리, 발터. 『구약신학』 김정준 역, 서울: 한국신학연구소, 1999

카이저, 월터. 『구약성경신학』 최종진 역, 서울: 생명의말씀사, 1998

칼빈, 존. 『존 칼빈 성경주석 26. 호세아』 존 칼빈 聖經註釋出版委員會 역 편(역編), 서울: 성서교제간행사, 1983

켈러, 티머시. 『거짓 신들의 세상』 이미정 역, 서울: 베가북스, 2012

코운, 제랄드 L. 파멜라 J. 스칼라이스 토마스 G. 스모덜스, 『WBC 예레미야 26-27』 정일오 역, 서울: 솔로몬, 2006

쿠걸, 제임스 L. 『하버드대 유대인 학자가 쓴 구약성경 개론』 김구원 · 강신일 공역, 서울: CLC, 2011

크레이기, 피터 · 페이 켈리 · 조엘 드링커드, 『WBC. 예레미야 1-25』 권대영 역, 서울: 솔로몬, 2003

클라인, 에릭 H. 『성서 고고학』 류광현 역, 서울: CLC, 2013

킹, 필립 J · 로렌스 E. 스태거, 『고대 이스라엘 문화』 임미영 역, 서울: CLC, 2014

톰슨, J. A. 『예레미야 상』 최우성 역, 서울: 크리스챤서적, 1992

_____, 『예레미야 하』 최우성 역, 서울: 크리스챤서적, 1996

패커, 제임스. 『제임스 패커의 기독교 기본 진리 십계명』 김진웅 역, 서울: 아바서원, 2013

프레이져, 『문명의 야만 Ⅱ』 이양구 역, 서울: 강천, 1996

_____, 『문명과 야만 Ⅲ』 이양구 역, 서울: 강천, 1990

프로반, 이안 · V. 필립스 롱 · 트롱퍼 롱맨 3세, 『이스라엘의 성경적 역사』 김구원 역, 서울: CLC, 2013

해밀턴, 빅터. 『역사서 개론』 강성열 역, 고양: 크리스찬다이제스트, 2005

_____, 『오경개론』강성열 · 박철현 공역, 고양: 크리스챤다이제스트, 2007

허트, 알프레드 J. 『고고학과 구약성경』강대홍 역, 서울: 도서출판 미스바, 2003

_____, 제랄드 L. 매팅리 · 에드윈M. 야마우치, 『고대 근동 문화』신득일 · 김백석 공역, 서울: CLC, 2012

화이틀리, C. F.『고대 이스라엘 종교의 독창성』김병학 외 공역, 서울: 분도출판사, 1981

후크, 사무엘 헨리. 『중동신화』박화중 역, 서울: 범우사, 2001

히스, 리차드 S. 『이스라엘의 종교』김구원 역, 서울: CLC, 2009

| 외국서 |

Bracke, John M. *Jeremiah 1-29*, Louisville: Westminster John Knox Press, 2000

_____, *Jeremiah 30-52 and Lamentations,* Louisville: Westminster John Knox Press, 2000

Cassuto, U. *A Commentary on the Book of Exodus*, Jerusalem: the Magnes Press, 1997

Childs, Brevard S. *EXODUS*, London: SCM Press LTD, 1982

Cooper, Sr. Lamar E. the New American Commentary vol 17. *EZEKIEL*, Nashville: Broadman & Holman Publishers, 1994

Gibson, John C. L. *Canaanite Myths And Legends*, Edinburgh: T&T. Clark ltd, 1978

Gordon, C. *Ugaritic Literature A Comprehensive Translation of the Poetic and Prose, Texts* Rome: Pontificium Institutum Biblicum, 1949

Kenyon, K.M. *Archaeology in the Holy Land,* London: Ernest Benn, 1985

Louis Stulman, *Jeremiah*, Nashville: Abingdon Press, 2005

McCurley, F. R. *Ancient Myths and Biblical Faith: Scriptural* Transformation. Philadelphia: Fortress Press, 1984.

Merril, Eugene H. The New American Commentary vol 4. *Deutronmy*, Nashville, Tenneesee: Broadman & Holman Publishers, 1994

Miller, Patrick, *The Divine Warrior In Early Israel*, Cambridge, Massachusetts: Harvard University Press, 1973

Mowinckel, Sigmund, *The Psalms in Israel's Worship,* translated by D. R. Ap-Thomas, New York: Abingdon Press, 1962

Ringgren, Helmer, *Religion of the Ancient Near East*, trans. John Sturdy, Philadelphia: The Westminster Press, 1973